PSIQUIATRIA
DE
DIOS

Antiguo & Nuevo Testamento

LA
PSIQUIATRÍA
DE
DIOS
Antiguo & Nuevo Testamento

Por
Kirk H. Castleman

Traducción al español por
Rogelio Medina

Imagen de la portada Arek Socha de Pixabay,
Corregido por Miriam Cardoso Olivos
Diseño de la portada y del libro Rogelio Medina
Edición por el autor
lapalabrapublisher.com
lapalabrapublisher@gmail.com
Primera Edición: 2021
Impreso en los Estados Unidos de América
ISBN: 9798513564355

TABLA DE CONTENIDO

EL PADRE NUESTRO

ORAR SIN CESAR

PREFACIO

Con gran alegría ofrezco este volumen de artículos seleccionados que he escrito para el boletín semanal de la iglesia. En 1985 mis preciosos padres y mi hermana me dieron un regalo sorpresa de cumpleaños: un libro titulado Comentarios de Castleman. Esta primera colección de mis artículos me desafió a escribir una edición ampliada.

Con las exigencias de algo que proporcionar a los pacientes del Centro Médico NE en Humble, Texas, donde serví como capellán en la década de 1990, traté de ofrecer una colección de artículos sobre la oración. Mi hermana tuvo la gentileza de regalarme una representación artística de su escultura de manos rezando para la portada y se tituló *"Así es como debes Orar"*. Esa colección también incluía algunos de los artículos del primer libro. Este pequeño volumen fue bien recibido, pero

1

se imprimió en un excedente de papel de desecho que estaba a punto de ser tirado. Muchos elogios inmerecidos sobre este esfuerzo me desafiaron de nuevo a seguir intentando escribir artículos significativos.

Durante muchos años he tenido la convicción de que cada predicador debería producir su propia copia de la Psiquiatría de Dios. El Dr. Charles Allen produjo un maravilloso libro con este título que era una colección de pensamientos meditativos sobre Los Diez Mandamientos, El Salmo Veintitrés, El Padre Nuestro y Las Bienaventuranzas. Sus cálidos y singulares artículos me desafiaron a producir mi propia colección. Es con un grado de inquietud e incluso de disculpa que envío mi interpretación. Después de haber escuchado al Dr. Allen predicar y leer varios de sus libros, estoy seguro de que él querría que cada predicador trabajara con estos pasajes fundamentales de las Escrituras para sus sermones y artículos.

Es todavía con "*preciosos recuerdos*" que dedico afectuosamente este volumen a mis padres que me enseñaron *"que debajo están los brazos eternos"* (**Deuteronomio 33:27**). También honro a mi talentosa hermana por su trabajo inicial de recopilación y clasificación del primer volumen y por la creación de la portada del segundo.

También tengo que anunciar que todo el ánimo que me ha dado para escribir ha venido de la preciosa, extremadamente talentosa y cariñosa secretaria de la iglesia de Ridgecrest, Janie Strother. Fue de sus labios, a finales de los años 70, que las palabras *"Quiero que escribas un artículo para el boletín"* me hicieron empezar. Ella ignoró mis declaraciones de incapacidad y continuó hasta que lo intenté de mala gana. Fue gracias a su expectativa semanal que superé mi actitud negativa hacia cualquier escrito. No soy escritora, pero envío estos pensamientos con la oración de que los lectores pasen por alto mi ineptitud y escuchen a Dios hablarles. Estoy muy agradecida de que Janie se haya unido a mí para producir este tercer volumen.

Mi convicción no ha cambiado desde el segundo volumen: Nadie más que *"Nuestro Padre"* sabe cuántas oraciones han sido respondidas en la vida de mi esposa, Linda, y de nuestros cuatro hermosos hijos. Ahora disfrutamos de cuatro excelentes "*in-loves*" (*como Linda los ha llamado*) para nuestros hijos y 10 (*casi 11 en el momento de escribir esto*) nietos. Lo que escribí entonces sigue siendo cierto: "*¡La alegría que he recibido de las oraciones contestadas por ellos no tiene límites!*"

Estos artículos no pretenden ser eruditos ni profundos. El propósito fundamental sigue siendo "*ayudar en el estudio y la meditación del amor y el propósito eterno de Dios*" (Howell y Dorothy Castleman, 1985). Su único propósito es ayudar a tu viaje al Cielo y a verle a Él cara a cara.

Que Dios nos bendiga mientras buscamos "*crecer en la gracia y el conocimiento de nuestro Señor y Salvador Jesucristo*".

Kirk H. Castleman

LOS DIEZ MANDAMIENTOS

ESCUCHA AL GRAN PSIQUIATRA

¿POR QUÉ
"*NO OTROS DIOSES*"?

"*Ningún otro dios*" es el primero en los Diez Mandamientos porque todo hombre desde la creación ha sido tentado a ser "*como Dios*" (**Génesis 3:5**). Esta es la elección fundamental que todos tienen que hacer: ¿Será Dios tu Dios o será algo o alguien más tu "*dios*"?

Los impíos en Romanos 1 hicieron esta elección fundamental que: (**Romanos 1:21-25**).

El otro día se sugirió que un joven dijera: "*No creo en Dios... soy ateo*". La tragedia es que todo el mundo tiene un "*dios*": O Dios, nuestro Padre, o un "*dios*" mutilado de creación propia. Sin duda, esta juventud inmadura y miope ha convertido el "*yo*" en "*dios*" porque nuestro Dios y Padre podría perturbar radicalmente su estilo de vida. Pero hay muchos otros que dicen "*creo en Dios*" pero simplemente lo ignoran creando otros "*dioses*" que son inadecuados e incapaces de proveer lo que los humanos necesitan (**II Reyes 17:33**).

Si se pudiera conversar con nuestro "*ateo*", sería útil preguntarle: "*Háblanos del Dios en el que no crees*". Sería obvio que el retrato que nos ofrece no se parece en nada a lo que dice la Biblia y a lo que se necesita esencialmente para vivir y morir diariamente.

No hay "*otros dioses además de mí*" (**Éxodo 20:3**) porque ningún otro dios puede decir, ser y hacer lo que nuestro Dios puede decir, ser y hacer por nosotros. Nuestro Dios nos habla, nos escucha, acepta nuestra débil adoración, nos lleva en sus manos, camina con nosotros, y es el Dios vivo que da la alegría y el cielo también (**Salmo 115 y 135**). Todos los demás dioses de los humanos, ya sea el yo, los placeres o las cosas materiales, **NO SON DIOS** porque no pueden proporcionar lo que los humanos claman en lo más profundo de sus corazones: amor, propósito, perdón e incluso el mismo cielo después de la muerte. Oh ateo, ¿qué ofrece tu "*dios*"? Nada. Absolutamente nada.

Con todas mis dudas y sí, incluso preguntas preocupantes, sería bueno preguntar al joven ateo: "*¿Puede el dios que has sustituido en tu propia mente por el Dios Verdadero proporcionar las respuestas definitivas a las preguntas de la vida? ¿Por qué estás aquí? ¿De dónde vienes? ¿Qué pasará después de tu muerte?*". Recuerda al carcelero de Filipos: "*Y se alegró, junto con toda su familia, de haber creído en Dios*" (**Hechos 16:30-34**).

"HIJITOS, ALEJAOS DE LOS ÍDOLOS"

Puede que Ezequiel no sea uno de los profetas más populares del Antiguo Testamento, pero lo cierto es que es necesario escucharlo hoy. Aunque algunas de sus profecías son oscuras, la mayor parte de lo que predicó es relevante incluso para los miembros de la iglesia.

Dice: "*Así dice el Señor Dios: Arrepiéntanse y vuélvanse de sus ídolos, y aparten sus rostros de todas sus abominaciones*". Luego Dios dice: "*Cualquiera... que se aparte de mí, tomando sus ídolos en su corazón... pondré mi rostro contra ese hombre*" (**14:3-8**).

El segundo mandamiento de los Diez Mandamientos es: "*No te harás imagen, ni ninguna semejanza de lo que está arriba en el cielo, ni abajo en la*

11

tierra, ni en las aguas debajo de la tierra. No te inclinarás ante ellas ni las servirás. Porque yo, el Señor, tu Dios, soy un Dios apasionado...". (**Éxodo 20:4-5**, Tanaj: La Biblia judía).

El gran cuerpo religioso medieval reescribe Los Diez Mandamientos ignorando fundamentalmente este mandato y hace dos mandatos del último. Su declaración es, "*No rezamos al crucifijo ni a las imágenes y reliquias de los santos, sino a las personas que representan*".

Leer declaraciones como esta es preocupante cuando Jesús dijo: "*Dios es espíritu y los que le adoran deben adorar en espíritu y en verdad*" (**Juan 4:24**). El Espíritu Santo indica que, "*hay un solo Dios y un solo mediador entre Dios y los hombres, Cristo Jesús hombre*" (**I Timoteo 2:5**). Es una tendencia humana identificar la imagen con la realidad. Y Dios nunca pretendió que el culto fuera algo o necesitara algo que no fuera espiritual, personal, mental e interno.

Esta violación y adulteración del segundo mandamiento es una idolatría flagrante. Pero hay una idolatría sutil del corazón que diluye y destruye la verdadera espiritualidad. Aunque no haya imágenes en nuestros lugares de culto, puede haber ídolos que se llevan (*una cartera o billetera*) o se viven e incluso se conducen. La idolatría de nuestros corazones podría ser un programa de televisión que debe ser visto. Incluso podría ser un equipo deportivo favorito. La idolatría puede extenderse a una preocupación excesiva por la salud física de uno y un descuido casi total del bienestar espiritual. ¿Es incluso idolatría descuidar la adoración personal (**Hebreos 10:24s**) por los juegos de pelota de los niños o las "*exigencias*" de los demás? Sí, ¡la idolatría está "*viva y bien*" en el mundo de hoy! Es incluso más repugnante que la antigua idolatría que ofrecía a los niños en el fuego.

"El ídolo más querido que he conocido, sea cual sea, ayúdame a arrancarlo de tu trono y a adorarte sólo a Ti".

-William Cowper, "*O for a Closer Walk with God*".

¡EL TERCER MANDAMIENTO NO SE REFIERE SÓLO A MALDECIR!

Casi todos los que reflexionan sobre el tercer mandamiento sugieren que se refiere principalmente a los juramentos o a las blasfemias. Aunque esto no es incorrecto, esta respuesta a la gracia es mucho más inclusiva y definitoria de la vida.

Hay que recordar que el **NOMBRE** de Dios era tan venerado por los israelitas que sólo se pronunciaba una vez al año en el Día de la Expiación por el sumo sacerdote oficiante. Debido a que las cuatro letras, **YHWH**, pensadas para ser pronunciadas, **YaHWeH**, eran consideradas "*el nombre*" para Dios (**Éxodo 3:14; 6:2s**), ellos sustituyeron otro "*nombre*" para Dios, **ELOHIM**, cuando leían su Biblia. (*La palabra "Jehová" es una palabra híbrida creada por un monje medieval que combinó las consonantes hebreas,* **YHWH**, *que significa* "**I AM**", *con las vocales de Elohim. De ahí,* **YeHoWeH**, *para convertirse en el antibíblico, Jehová*).

Si Dios pretendiera este tipo de veneración de Su nombre, nunca habría permitido que apareciera cientos de veces en las Escrituras, traducido como **SEÑOR** (normalmente el **LORD** está en mayúsculas pequeñas-LORD) en la mayoría de las versiones. Su nombre, Su persona, Su palabra, Su adoración, todo lo que pertenece a Él, debe ser levantado como Santo, "*santificado*" (**Mateo 6:9; I Pedro 3:15**), o "*apartado*". Pero la profanación, el "*elevar Su nombre al vacío*", puede ocurrir cuando alguien tiene una práctica religiosa que no está autorizada por la Palabra de Dios (**Colosenses 3:17**).

Negarse a ser sumergido "*en el Nombre de Jesús*" (**Hechos 2:38**) en el Nombre del Padre, Hijo y Espíritu Santo (**Mateo 28:19**) es tan profano como jurar y maldecir. Las divisiones en el mundo religioso y en el Cuerpo del Señor (**I Corintios 1:10s**) son tan sucias para Dios como las repugnantes maldiciones que uno escucha a diario. Nunca se ha visto a nadie tapar los oídos de sus hijos cuando alguien les dice: "*Ahora que son salvos, deben bautizarse en una buena denominación que enseñe la Palabra de Dios*". Pero esto es una blasfemia tanto como el improperio que se oye con frecuencia: "*¡Oh, Dios mío!*". No es "*francés*"; ¡es una blasfemia flagrante!

Es una grosera profanación pronunciar el nombre de Dios frívolamente en el discurso Y tomar a la ligera la participación semanal en la Cena del Señor, la afirmación del pacto hecho en el bautismo. Maldecir angustia el alma del piadoso, pero la falta de reverencia a los votos matrimoniales por el adulterio es una maldad igualmente obtusa contra Dios. Uno puede no pronunciar nunca una "*palabrota*" y, sin embargo, exhibir una profanidad nauseabunda por una actitud displicente y una falta de atención durante el culto.

Aquí está la Fuente de toda paz, alegría y amor: *"Santo y Asombroso es Su Nombre"* (**Salmo 111:9**).

DIOS, EL SÁBADO Y EL DÍA DEL SEÑOR

Es casi un hecho intuitivo que en lo más profundo del corazón de cada ser humano existe la necesidad de "*tomar un día de descanso*" cada semana. Hay algo en el cuerpo físico que exige que "*descanse*" y "*cese*" de las labores y exigencias de la vida.

La mayoría de la gente ignora por completo el ejemplo de Dios mismo en los albores de la creación cuando la Biblia dice:

> "Y la tierra estaba desordenada y vacía, y las tinieblas estaban sobre la faz del abismo, y el Espíritu de Dios se movía sobre la faz de las aguas. Y dijo Dios: Sea la luz; y fue la luz".
>
> **(Génesis 1:2-3)**.

Quizás en el entusiasmo por establecer la afirmación bíblica de que la Antigua Ley fue abolida (**Hebreos 10:9**), se ha olvidado que "*El sábado fue hecho para el hombre, no el hombre para el sábado*". Los extremos son siempre erróneos. Aquellos que ignoran el principio establecido por el Sábado del Antiguo Testamento o intentan hacer un "*Sábado del Nuevo Testamento*", en última instancia dañan su vida física y espiritual.

El sábado no fue institucionalizado hasta los Diez Mandamientos (**Nehemías 9:14**), pero incluso antes de que la Ley fuera dada, Dios reconoció la necesidad de un "*sábado*" (**Éxodo 16:25**).

Es más que sorprendente cuando muchas personas afirman su "*salvación*" porque "*guardan los Diez Mandamientos*". La multitud de regulaciones del Sabbath (**Éxodo 31, 35**) para Israel es completamente ignorada como no parte de la "*Ley Moral*" por la mayoría de la gente hoy en día. El sábado representaba su pacto con el Dios de la Creación y la redención de la esclavitud egipcia

(**Éxodo 20:8-11; Deuteronomio 5:12-15**). La ley del sábado para Israel era seria (**Números 15:32**).

Sin embargo, en el acelerado y adicto al trabajo mundo de hoy, la mayoría de la gente no venera ni el sábado ni el día del Señor (**Apocalipsis 1:10**). El Día del Señor, el domingo, el primer día de la semana (**I Corintios 16:1-2; Hechos 20:7**) es llamado "*el fin de semana*". "*Atar el día de reposo*" es bíblicamente incorrecto, pero es igualmente irreverente ignorar el Día del Señor. El sábado celebraba el pacto de Israel con Dios; el Día del Señor es una celebración de la Resurrección, la nueva creación, una redención gozosa, para cada cristiano. El culto en el Día del Señor anticipa con alegría la participación en un "*descanso sabático para el pueblo de Dios*" (**Hebreos 4:9**) en el Cielo. El hijo de Dios encuentra el "*descanso*" diario en Jesús (**Mateo 11:28s; Hebreos 4:3**). ¿Conoces ese sábado?

¡DALES ALGO QUE HONRAR!

La mayoría de las veces, cuando se recita el quinto mandamiento, son los hijos los que se ven como objeto de la ordenanza. Y si bien esta es la naturaleza fundamental del mandamiento, "*Honra a tu padre y a tu madre*", existe el imperativo necesario de darles un ejemplo para que lo honren. Es una fuente de dolor e injusticia exigir: "*Hónrame; yo soy tu padre*", cuando el padre es abusivo, inhumano e impío.

Sin embargo, nada puede minimizar el significado o la esencialidad de honrar incluso a aquellos que maltratan a otros. Los hijos de padres impíos y abusivos tienen una tarea profundamente difícil, pero el mandamiento sigue siendo: Amad a vuestros enemigos; haced el bien a los que os odian; bendecid a los que os maldicen; orad por los que os maltratan (**Lucas 6:27-28**). Hay muchos hijos de padres desobedientes que necesitan que se les dé el permiso para odiar la impiedad de sus padres, pero aún así honrarlos con el amor apropiado. Para muchos, la tarea de perdonar a los padres por su falta de respeto, desprecio y negligencia es un "*honor*" de por vida que es difícil y desafiante. Pero el poder para este desafío está disponible pero sólo en y a través de los recursos espirituales dinámicos en Cristo (**Filipenses 4:13; Romanos 12:21**).

Hay que decirlo con firmeza: ¡el ciclo debe detenerse! Con demasiada frecuencia, el maltrato de los padres a los hijos se descarga inconscientemente en ellos. La realidad del proceso de transmisión de múltiples generaciones se ve fácilmente en las narraciones patriarcales del Génesis. Alguien ha afirmado con razón que se necesitan buenos abuelos para tener buenos hijos. Aunque esto no puede ser una ley absoluta, sigue señalando la necesidad e importancia de que los padres honren y perdonen a sus padres para que los hijos no hereden el ciclo de ira y abuso de las generaciones anteriores.

El deshonor de los padres entre los hijos de hoy no es sorprendente. Muchos padres les han dado poco o nada que honrar. Cuando un niño es tratado con deshonor, responderá con deshonor, quizás pensando que ellos son los culpables. Los hijos deben honrar y amar a los padres, pero también necesitan perdonar. Y tal vez, sólo tal vez, los padres piadosos podrían bendecir a sus hijos si pidieran perdón a Dios y a sus hijos. Los padres pueden honrar a los hijos y convertirse en ejemplos de honor y humanidad genuina cuando confiesan sus fracasos. Sólo cuando el arrepentimiento, la confesión de los fracasos y las oraciones abiertas y honestas se ven y se escuchan en los padres, los hijos recibirán un ejemplo para honrar.

¿QUIÉNES SON LOS VERDADEROS ASESINOS?

En los albores del tiempo Dios reguló el carácter sagrado de la vida humana revelando:

Quien derrame la sangre del hombre, por el hombre será derramada su sangre, porque Dios hizo al hombre a su imagen y semejanza (**Génesis 9:6; 1:26-27; Salmo 139:13s**).

Cualquiera que lea la Biblia, aunque sea casualmente, puede ver que es un libro que registra una multitud de asesinatos abominables. Incluso los gentiles, los amonitas, debían ser castigados por sus terribles crímenes, "*porque han desgarrado a las mujeres embarazadas en Galaad, para ampliar su frontera"* (**Amós 1:13; Romanos 1:29**).

El sexto mandamiento es: "*No asesinarás*" (**Éxodo 20:13**; *la nota a pie de página de la versión inglesa añade: "la palabra también cubre el hecho de causar la muerte humana por descuido o negligencia"*). Esto no es "*matar*" o de lo contrario Dios y su autorización para sus siervos, las autoridades gobernantes, se convierte en una contradicción: "*es siervo de Dios para vuestro bien... no lleva la espada en vano. Porque es el siervo de Dios, un vengador que ejecuta la ira de Dios sobre el malhechor*" (**Romanos 13:4**). Incluso después de escribir Romanos, Pablo no negará la validez de la pena capital en su apelación al César (**Hechos 25:11**).

Aunque nuestras mentes se horrorizan ante la multitud de asesinatos y matanzas que aparecen en la Biblia, hay dos tipos de asesinos que son demasiado numerosos. Están los que no recuerdan que sus pecados crucificaron/asesinaron a Jesús y, con su apostasía, "*crucifican de nuevo al Hijo de Dios para su propio mal y (lo) desprecian*" (**Hebreos 6:6**). Y el segundo tipo de asesino podría incluso sentarse a tu lado en la iglesia: "*Todo el que odia a su hermano es un asesino, y sabéis que ningún asesino tiene vida eterna en él*" (**I Juan 3:15**).

Es prácticamente imposible imaginar el trauma espiritual que supone el asesinato de una vida humana. Nos desgarra el corazón aconsejar a los que han estado involucrados en cualquier tipo de asesinato, incluso a los perdonados (**Hechos 22:4**) por Dios. Pero es la peor clase de actividad criminal alejarse de nuestro bendito Señor u odiar a uno de sus hijos. Las palabras de Jesús se vuelven profundamente conmovedoras cuando dice: "*Pero yo os digo que todo el que se enoje con su hermano será sometido a juicio; el que insulte a su hermano será sometido al consejo; y el que diga: "Necio" será sometido al* **INFIERNO DE FUEGO**" (**Mateo 5:22**). Caín asesinó a su hermano a causa de su ira (**Génesis 4:6s**). Tal vez a esto se refería Santiago en su libro (**Santiago 4:2; 5:6**). Sí, realmente se aplica a nuestras vidas.

"¡ADÚLTEROS!"

En la búsqueda y aplicación de la "*Psiquiatría de Dios*" no es sorprendente que se enuncie el séptimo mandamiento: "*No cometerás adulterio*". En una multitud de estudios, tanto religiosos como seculares, el simple hecho es que el matrimonio está destinado a ser una relación monógama de por vida de compromiso amoroso. Se piensa que el peor matrimonio que busca a Dios es mejor que el estrago y la infelicidad de un matrimonio destruido por el adulterio. Las investigaciones han demostrado que los nuevos matrimonios causados por el adulterio no suelen ser más felices o satisfactorios que el matrimonio original. Esta cultura, en la que los divorcios son la mitad del número de matrimonios, se ha convertido en un trágico ejemplo de lo que ocurre cuando se desprecia el plan y la participación de Dios en los matrimonios. Y la tremenda escalada de relaciones de *"convivencia"* entre los jóvenes y los mayores, que son igualmente infructuosas, también han demostrado que las reglas de felicidad de Dios son el único arreglo matrimonial viable.

Es una convicción personal, y lo ha sido durante años, que los perdonados de esta tragedia (**I Corintios 6:9-11**) apoyarán positivamente la predicación y enseñanza pública positiva del plan de Dios sobre el matrimonio. Este ciclo debe y puede detenerse si la voluntad de Dios *"desde el principio"* (**Mateo 19:4s; Romanos 7:1-3; I Corintios 7:1s**) es creída y sostenida valientemente por todo el pueblo del Señor. Los debates retorcidos, divisivos e inútiles que pretenden dar una sola respuesta a cada problema sólo desvían a la iglesia de la declaración de las leyes de felicidad y satisfacción de Dios. Hay algunas situaciones que exigen gran paciencia y amor y que, en última instancia, no tienen otra solución que la misericordia y la gracia de Dios. Cada situación es única y requiere un amor paciente.

Negarse a proclamar los mandatos positivos de Dios y mantener sus normas es "*adulterio espiritual*" (**Santiago 4:4**). Diluir el patrón positivo de Dios para el matrimonio porque podría "*herir los sentimientos de alguien*" es conformidad con el mundo y una tragedia mayor que la multitud de votos y relaciones rotas.

En lugar de tratar de encontrar una solución que se ajuste a cada situación, que haya una declaración amorosa, compasiva y paciente de la Psiquiatría de Dios. En lugar de la división, que haya un enfoque en una declaración positiva de las directivas de Dios para la paz y la victoria personal. Tal vez el mismo énfasis en las Escrituras sobre el "*adulterio mental*" (**Mateo 5:27-30**) e incluso el "*adulterio espiritual*" (**Santiago 4:4**) y la multitud de Profetas del Antiguo Testamento, deberían convertirse en el foco de atención en lugar del atolladero de argumentos que intentan resolver lo irresoluble. ¡A Dios sea la Gloria! Amén.

¡CONVIRTIENDO LA CASA DE DIOS EN UNA CUEVA DE LADRONES!

El verdadero objetivo de la limpieza del templo por parte de Jesús" (**Marcos 10:15-17**) no era simplemente expulsar a los que compraban y vendían y volcar las mesas, sino su descontento con sus vidas espirituales. Eran los ladrones condenados por Dios porque, en lugar de prestar un servicio a la gente que tenía que venir de lejos, estaban "*timando*" subiendo el precio de los animales aceptables para el sacrificio. También robaban a los peregrinos al exigirles que usaran sólo "*moneda del templo*" que exigía un tipo de cambio elevado.

Juan, al situar la *"limpieza del templo"* al principio de su evangelio, identifica el templo como Su Cuerpo (**Juan 2:21**). Obviamente, Jesús no está equiparando el templo físico corrupto de Herodes con Su Cuerpo, que es la iglesia (**Efesios 1:22-23**). Los sacerdotes en el templo de Herodes ni siquiera estaban calificados para hacer los sacrificios ya que ese oficio había sido comprado y vendido por años, lo cual fue el argumento de la comunidad del Mar Muerto. Había llegado el momento de que el corrupto y viejo templo físico fuera destruido *(y finalmente lo fue en el año 70 d.C. por los romanos)*. Era el momento de establecer el nuevo Templo, la Casa de Dios, la iglesia de Jesucristo.

Esta *"parábola promulgada"* plantea fundamentalmente la pregunta: ¿Se ha convertido la iglesia de hoy, Su Cuerpo, El Templo (**I Corintios 3:16; 6:19**) en una *"cueva de ladrones/ladrones"* en lugar de *"una casa de oración para todas las naciones"*? Dado que la ingratitud por las bendiciones de Dios es el máximo robo, parece que se podría dar una respuesta afirmativa.

Los hombres "*roban a Dios*" (**Malaquías 3:8**) y violan el octavo mandamiento cuando roban a los demás, pero también cuando se vive sin tener conciencia del Padre de las Luces que da todo don bueno y perfecto (**Santiago 1:17**). Los cristianos "*roban a Dios*" y convierten la casa de Dios en una "*cueva de ladrones*" cuando no dan con generosidad y regularidad. Es posible convertir cualquier iglesia en una guarida de ladrones simplemente viviendo una vida de ingratitud. No importa lo correcta que sea la doctrina, la casa de Dios, que es la iglesia (**I Timoteo 3:15**), no un edificio físico, se convierte en una guarida de horrendos robos cuando las asambleas se vuelven ceremoniales, rituales y frías.

Se tiende a considerar a los que "*roban bancos*" como terribles pecadores, cuando la verdad es que los que malgastan (*prodigan*) sus dones de tiempo, talentos y formación son los peores ladrones. Es posible que los que poseen lujos se conviertan en ladrones en el templo de Dios. El máximo robo es la ingratitud por todo lo que Dios ha dado. ¿Qué se puede hacer para que ésta sea "*una casa de oración para todas las naciones*"?

DANDO FALSO TESTIMONIO: DECIRSE A SÍ MISMO LA VERDAD

Es un hecho de la existencia humana que la persona a la que más frecuentemente se le miente es a nosotros mismos. La "*verdad*" del asunto es que la propia percepción de la realidad, es decir, Nuestra Verdad, nunca es realmente la misma que La Verdad, ¡la forma en que ES! Esta percepción sesgada de la vida se convierte en un filtro o una rejilla que nos "*protege*" de las verdaderas realidades y exigencias de la vida. Es como si la humanidad llevara lentes de contacto o gafas teñidas de todo tipo de colores o incluso oscurecidas hasta el punto de ser prácticamente imperceptibles. Las racionalizaciones, las suposiciones y los prejuicios no hacen más que crear una pantalla o niebla densa, si no impenetrable, que ictérica la percepción de toda la realidad.

Es difícil, si no imposible, creer que la "*verdad sin ambages*", la verdad, toda la verdad y nada más que la verdad, no es tan dolorosa o perturbadora como se cree. Sí, a veces la "*verdad duele*", pero sólo porque la mente se ha convencido de que esta irrealidad protectora es más placentera y menos embarazosa que la forma en que **ES**.

William Backus y Marie Chapian son coautores de un necesario libro titulado "*Telling Yourself The Truth*". La premisa de su terapia es que muchos de los problemas emocionales comunes que experimentan las personas provienen de la corriente constante de "*creencias erróneas*" (*su término*) de diversas fuentes que se absorben y repiten con tanta frecuencia que se convierten en la "*verdad*" controladora para ese individuo. La "*piscina*" de esta irrealidad personal toca con tan poca frecuencia la esencia de "*la Verdad que te hace libre*" que la Verdad objetiva de Dios es negada e incluso rechazada con rabia. El continuo bombardeo de **MENTIRAS** de la sociedad que tiene su fuente última en Satanás, El Mentiroso y El Padre de las Mentiras, parece tan cómodo y tentador que la verdad última de Dios en Su Palabra (**Juan 8:31-32; 17:17**) se hace casi imposible.

La aplicación diaria y continua de La Verdad de Dios que es Jesús, El Camino, La Verdad y La Vida (**Juan 14:6**), comunicada por El Espíritu Santo de la Verdad en El Evangelio de la Verdad (**Efesios 1:13-14**), es la Única realidad verdaderamente liberadora. La lectura diaria de la Biblia, la absorción de esa Verdad, la aplicación de esa Verdad en la Obediencia, y la Oración es la única Fuente Verdadera de libertad de las mentiras promulgadas por Satanás y creadas por la mayoría de la humanidad. La verdad simple y sin ambages es que los "amantes de la mentira" se perderán y los buscadores y amantes de la Verdad se salvarán (**II Tesalonicenses 2:10; Mateo 7:7; Hechos 17:11**). Absolutamente nadie entrará al cielo sin un corazón purificado, hecho justo por la sangre de Jesús mediante la "*obediencia a la verdad*" (**I Pedro 1:22; 3:21**).

LA LEY ES ESPIRITUAL, PERO YO NO SOY CARNAL

No es ni siquiera cercano al asombro que Pablo eligiera el décimo mandamiento para articular su profundo alejamiento de la perfección sin pecado que Dios requiere. El dijo:

¿Qué diremos, pues? ¿Es la ley pecado? Ciertamente no. De hecho, yo no habría sabido lo que era el pecado si no fuera por la ley. Porque no hubiera sabido lo que era codiciar si la ley no hubiera dicho: "*No codicies*".

Su argumento esencial es:

♦ La Ley es santa, justa, buena y espiritual.

♦ Fuera de la ley, el pecado está muerto; el pecado, aprovechando la oportunidad que le brindaba el mandamiento, me engañó y me dio muerte... para que el pecado fuera reconocido como pecado, produjo en mí la muerte a través de lo que era bueno, para que a través del mandamiento el pecado se volviera totalmente pecaminoso.

♦ Por lo tanto, soy un miserable y debo arrojarme totalmente a la gracia de Dios y al sacrificio de Jesús (**Romanos 7:7-25**).

Pero la repisa central, el "*centro de arriba*" de este grito de desdicha es: "*No codiciarás*". ¿Por qué no uno de los nueve primeros? ¿Qué hay en este mandamiento que amplía su desesperada necesidad de un Salvador?

Tal vez nunca se sepa, pero aquí, en este más espiritual de todos los Diez Mandamientos, se encuentra la esencia de una correcta relación con Dios: ¿Qué es lo que realmente quiero? ¿Cuál es la prioridad de mi deseo?

No es una cuestión de "*deseo*". El "*anhelo apasionado*" o el "*deseo ansioso*" pueden ser buenos dependiendo del objeto (**Lucas 22:15; I Corintios 12:31**). "*Deseo*" es esencialmente neutro; los "*deseos*" siguen existiendo para todos, incluso para los cristianos. (*El* **Salmo 23:1** *se traduce mejor como* "*no me falta nada*" *o* "*todo lo que necesito*").

La esencia de la "*codicia*" es "*desear en última instancia a las personas y las cosas*" que son impías y secundarias (**Éxodo 20:17**). Cada día hay cosas que deben ser "*deseadas*", pero esas cosas simplemente no deben ser colocadas en el lugar más alto. Anhelar la intimidad con la pareja es piadoso, pero se convierte en algo impío cuando la sexualidad se convierte en la máxima prioridad. Todo el mundo necesita y desea cierto grado de reconocimiento y aprecio, pero el deseo de aplauso es ruinoso para toda la espiritualidad.

Así que, de nuevo, ¿por qué utilizó Pablo este mandamiento para mostrar la relación de la ley con el pecado y la muerte? Tal vez porque en este mandamiento se exponen los más profundos recovecos de la propia naturaleza. Aquí se revelan los motivos más profundos del corazón: ¿Qué es lo que realmente deseo, en última instancia? ¿Puedo hablar realmente desde mi corazón? *"¿A quién tengo en el cielo sino a ti? Y en la tierra no hay nada que desee más que a ti. Mi carne y mi corazón pueden fallar, pero Dios es la fuerza de mi corazón y mi porción para siempre"* (**Salmo 73:25-26**).

LAS
BIENAVENTURANZAS

ESCUCHA AL GRAN PSIQUIATRA

LA DICHA Y LA FELICITACIÓN

La mayor intención y propósito de la mayoría de la gente es simple y llanamente la felicidad. El único criterio para la mayoría de la gente es: "*¿Me traerá esto la felicidad?*".

La tragedia de la vida es que la "*felicidad*" es la proverbial zanahoria delante de la mula, que nunca es capaz de conseguirla, pero siempre se esfuerza. Es una meta vaporosa, que tal vez se logre durante un breve interludio, pero siempre es una niebla etérea, que se consume en el calor de la vida cotidiana, con sus pruebas y tensiones. Incluso la definición exige que se perciba como un resultado de la "*casualidad*" y el "*azar*".

Si la "*felicidad*" puede redefinirse como una alegría continua, permanente, incluso eterna, está disponible en abundancia en una relación maravillosa y justa con Dios en Cristo, potenciada por el Espíritu Santo. "*Felicidad*", o mejor alegría, o dicha, o incluso la esencia de la "*felicitación*", es el verdadero significado de "*Bienaventurados los pobres de espíritu, porque de ellos es el Reino de los Cielos*". Esta alegría o bienaventuranza no es un "*suceso*"; es el resultado directo de las promesas de Dios a los que están en El Reino de Dios.

Jesús, en **Mateo 5:1-3**, establece el primer principio inequívoco y absolutamente esencial de la alegría permanente: es la completa redefinición de uno mismo a la luz de la naturaleza de Dios. Una y otra vez, Jesús subraya este requisito fundamental para entrar en el Reino: "*Os aseguro que tenéis que cambiar y haceros como niños. De lo contrario, no entraréis en el Reino de los Cielos*" (**Mateo 18,1-4**). Sólo cuando se hace la voluntad de Dios en obediencia amorosa, el Reino llega al corazón y a la vida del individuo (**Lucas 17:21; Romanos 14:17; Mateo 6:10; 7:21; Hechos 8:12; Juan 3:5**). ¡No hay otra alegría/felicidad para ahora o para la eternidad! Las únicas personas genuinamente alegres que conocen su completa y abyecta pobreza espiritual son aquellas que tienen una relación adecuada y aceptable con Dios. La esencia del "*pobre de espíritu*" es: "*No soy más que polvo y ceniza*" (*Abraham*), "*Pero soy sólo un niño pequeño y no sé salir ni entrar*" (*Salomón*), "*¡Ay de mí... estoy arruinado! Porque soy un hombre de labios impuros...*" (*Isaías*), "*Aléjate de mí, Señor; soy un hombre pecador*" (*Pedro*), y un montón de otros. Ellos sabían quiénes eran porque sabían de quién eran. Ellos, y todos los demás en el reino, incorporan y encarnan la verdad: "*separados de mí no podéis hacer nada*" (**Juan 15:5**). Viven conscientemente lo que Belsasar no sabía: "*¡Pero no honraste al Dios que tiene en su mano tu vida y todos tus caminos!*" (**Daniel 5:23**). La esencia de la verdadera alegría y felicidad es: "*He sido crucificado con Cristo y ya no vivo yo, sino que Cristo vive en mí. La vida que vivo en el cuerpo, la vivo por la fe en el Hijo de Dios, que me ama y se entregó por mí*" (*Pablo*, **Gálatas 2:20**). ¿Tienes esta bendición?

51

¿FELICIDADES A LOS QUE LLORAN?

¿Cómo pueden ser los "*Bienaventurados*" los dichosos, los alegres y los participantes en el Reino de los Cielos (**Romanos 14:17**)? "*Ríe y el mundo ríe contigo; llora y llora solo*". ¿Cómo es esto posible? ¿Es la mayor contradicción?

El Eclesiastés (**Koheleth**: *el que recoge o reúne ideas o personas para aprender su sabiduría*) nos lo recuerda:

Es mejor ir a la casa del luto que ir a la casa del banquete...(*que*) la tristeza es mejor que la risa, porque el rostro triste es bueno para el corazón...Como el crepitar de las espinas bajo la olla así es la risa de los necios. (**7:1-6**)

53

Muy pocas personas sugerirían que un profundo duelo por la condición del mundo, los pecados de los demás y de uno mismo, es en realidad una "*bendición*". "*Bienaventurados los que lloran porque serán consolados*" (**Mateo 5:4**). Lucas hace decir a Jesús: "*Ay de vosotros, que ahora reís, porque lloraréis y os lamentaréis*" (**6:25**). Santiago aconseja: "*Cambia tu risa por el llanto y tu alegría por la tristeza*" (**4:9**).

Espere, deténgase. ¿No se supone que los cristianos deben "*cantar y ser felices*"? Aun sabiendo que resucitaría a Lázaro de entre los muertos, ¿por qué el Varón de Dolores "gimió interiormente" y "*lloró*" (**Juan 11:38-43**)?

¿Cómo puede Pablo ordenar "*alegrarse siempre*" a los tesalonicenses (**I, 5:16**) y luego decir a los ancianos de la iglesia de Éfeso que "*servía al Señor con gran humildad y lágrimas*" (**Hechos 20:19**)? ¿Cómo pudo incluso elogiar a Timoteo por sus lágrimas (**II Tim. 1:4**)?

Tal vez, sólo tal vez, es posible absorber tanto del mundo que ya nada nos afecta realmente. ¿Nos hemos vuelto tan fríos e insensibles que tenemos el alma congelada? La "*tristeza piadosa*" es buena y recibe una bendición porque conduce al arrepentimiento y de ahí a la salvación (**II Cor. 7:10**). ¿Cuándo fue la última vez que derramaste lágrimas por los estragos del pecado en nuestro pueblo (Lucas 19:41)? ¿Cuándo fue la última vez que el poder de la cruz durante la Cena del Señor y la contribución te caló tan hondo en el alma que las lágrimas de profundo dolor, gratitud, y sí, incluso de alegría, corrieron por tus mejillas con facilidad? ¿Cuándo has llorado realmente, conmovido hasta lo más profundo de tus emociones, por tus propios pecados y los de los demás? La razón fundamental por la que la mayoría no "*se alegra en el Espíritu*" (**Gálatas 5:22; Lucas 6:21s**) es porque no cultiva "*un corazón quebrantado y contrito*" (**Salmo 51:17, 11-12s**). Sólo cuando permitamos que Su amor rompa nuestros duros corazones, tendremos la bendición de Su consuelo, perdón y paz.

¡OH, LA ALEGRÍA DE LOS QUE SON CAPACES DE ENSEÑAR!

De nuevo, si hay alguna meditación sobre estas maravillosas "*Bendiciones*", o Primeros Principios para aquellos en El Reino de los Cielos, no es de extrañar que la "*mansedumbre*" siga a la humildad y a la tristeza piadosa. Jesús simplemente dice que aquellos en el Reino son "*pobres en espíritu*" (*humildad*), que lloran por sus pecados (*dolor piadoso*), son aquellos que serán quebrantados, sumisos y enseñables (*mansos*).

Sólo aquellos que ven su miseria pecaminosa y su profunda necesidad ante Dios, que están verdaderamente afectados por su separación de Dios, que son sensibles a su presencia, son los que están en el Reino. Jesús utilizó una palabra griega muy común entre los paganos para describir la "*dicha de los dioses*" para decir que sólo los que están en Su Reino son los supremamente dichosos.

La palabra griega que está detrás de la palabra española "*manso*" es cualquier cosa menos "*débil*". Se utilizaba comúnmente en la sociedad grecorromana para describir a un animal domesticado y manso que antes había sido salvaje e incontrolable. De nuevo, la ilustración perfecta para los que recuerdan las historias de El Llanero Solitario de la infancia es el caballo Plateado. Se trata de un animal poderoso, indomable, pero hermoso e inteligente, que respondía a su amo después de haber sido domado. Este intrépido animal fue utilizado por Dios en su interrogatorio a Job para exhibir su soberana creación del universo **(Job 39:19-25)**.

La esencia de la "*mansedumbre*" para los pecadores es "*El sacrificio que Dios quiere es un espíritu quebrantado. Dios no rechazará un corazón quebrantado y arrepentido por el pecado*" (**Salmo 51:17**). La hermosa, suave, obediente y sumisa actitud de Jesús (**Mateo 11:28-30**) se convierte entonces en un ejemplo para todos y es profundamente atractiva.

Si Jesús ofrece "*descanso para vuestras almas*" (**Mateo 11:28-29**), entonces los que son "*mansos*" (*quebrados, enseñables, sumisos, receptivos y obedientes*) reciben "*la tierra*" (**Mateo 5:5**) que es lo mismo.

Jesús cita el **Salmo 37**, que al menos siete veces describe las bendiciones de su pueblo que vive en la tierra. Los que confían en el Señor (**3**), los que no se enojan ni se preocupan, sino que esperan en el Señor (**8-9**), los que son mansos y tienen mucha paz (**11**), los que son irreprochables (**18**), que dan generosamente (**21-22**), que se apartan del mal y hacen el bien (**27**), y que son justos (**29**), ¡son los que tienen esta herencia! La "*promesa de la tierra*" era una imagen típica de todos los que tienen una relación espiritualmente aceptable con Dios. Aquí está la dicha y el gozo para cada hijo de Dios: Todas las cosas son tuyas... el mundo o la vida o la muerte o el presente o el futuro: todo es tuyo, y tú eres de Cristo, y Cristo es de Dios (**I Corintios 3:22-23**).

LA BENDICIÓN DE LOS QUE TIENEN HAMBRE Y SED

La mayoría del mundo se ha convencido de que, citando erróneamente un versículo del Deuteronomio que Jesús utilizó para enfrentarse al Diablo, "*Sólo de pan vive el hombre...*" (*Vuelva a leer* **Mateo 4:4**). Pero el hambre espiritual profunda sigue siendo omnipresente e implacable, aunque los hombres busquen satisfacer sus almas con gravilla recubierta de azúcar.

Jesús pronuncia su felicitación y afirma el principio eterno y positivo de la bienaventuranza en la persona que ha recibido la justicia de Dios: Bienaventurados los que tienen hambre y sed de justicia, porque serán saciados (**Mateo 5:6**). Sin embargo, el deseo de felicidad y alegría duraderas simplemente no se evaporará del espíritu humano; siempre se afirmará en valores, perspectivas y motivaciones materialistas. Es claramente visible en los anuncios de la televisión: compra esto; bebe aquello; come en aquel lugar; ponte uno de estos en la boca; ponte uno de estos; y sobre todo ¡asegúrate de que el cuerpo físico sea atractivo! Satanás ha convencido al público de que si se puede consumir, llevar, conducir, vivir o ver un determinado artículo físico, entonces la felicidad absoluta está disponible. Y ahora, tanto como en cualquier momento de la historia, se puede tener sin dinero porque una tarjeta de crédito rápidamente disponible proporcionará el artículo con libertad y facilidad. La *"deuda de la tarjeta de crédito"* no es un bonito tema de discusión para la cafetería local: ¡es una grave manifestación del malestar espiritual del alma humana! Se cree la mentira: ¡el hombre vive sólo de pan!

El mundo niega temerariamente la verdad del salmista: Como el ciervo suspira por las corrientes de agua, así suspira mi alma por ti, oh Dios. Mi alma tiene sed de Dios, del Dios vivo.

¿Cuándo vendré a presentarme ante Dios? (**42:1-2**). Dios dice: *"Venid todos los que tengáis sed, venid a las aguas; y el que no tenga dinero, venid, comprad y comed... ¿Por qué gastáis vuestro dinero en lo que no es pan, y vuestro trabajo en lo que no satisface?* **ESCUCHADME DILIGENTEMENTE** *y comed lo que es bueno, y deleitaos con alimentos ricos... (Todo* **Isaías 55:1-13**).

¡Esta sociedad se horrorizaría si un padre sirviera a un bebé grava azucarada! La prensa documentaría y reproduciría este terrible escenario muchas veces. Pero, en un sentido muy real, ocurre todos los días. Hasta que, y sólo hasta que, una humanidad e incluso algunos en la iglesia se den cuenta de la verdad sin ambages de que la felicidad espiritual, la paz y la alegría están fácilmente disponibles **EN** Cristo, no habrá verdadera satisfacción y contento. La última satisfacción que apaga el alma está disponible sólo en una relación personal con Jesucristo: Y por Dios, estáis en Cristo Jesús, que nos ha sido hecho sabiduría de Dios, justicia, santificación y redención (**I Corintios 1:30**). La canción juvenil tiene razón:

Él es mi todo, Él es mi todo; ¡Él es mi todo, tanto grande como pequeño!

Negar esta verdad es un matrimonio para el desastre temporal y eterno.

¡QUÉ FELICIDAD PARA EL MISERICORDIOSO!

La misericordia, esa tierna compasión, esa maravillosa y profunda sensibilidad a los dolores de los demás, viene después de que uno se llena de rectitud. Parece evidente que este increíble sentimiento puede producirse al principio de estos principios para la auténtica felicidad. ¿Por qué parece inicialmente fuera de lugar?

Sin embargo, no está fuera de lugar, ni es insignificante tras el principio de tener una satisfacción completa en Dios. Sólo aquellos con una pobreza abyecta del orgullo y la ambición del mundo, sólo aquellos que lloran profundamente por sus pecados, que están dispuestos a ser enseñados y están llenos de rectitud, pueden comprender la profundidad de la misericordia de Dios. *"Bienaventurados los misericordiosos porque recibirán misericordia"* es recíproca; las anteriores bienaventuranzas tienen bendiciones mucho mayores que el principio exigido.

Sólo los que están en el Reino, que tienen un gran consuelo en el perdón, que incluso disfrutan de todas las bendiciones espirituales de este lado de la eternidad, y están llenos de justicia, pueden incluso empezar a apreciar la misericordia. ¡Pero la relación continua que depende de la misericordia exige expresar la misericordia! Al igual que el perdón, la misericordia recibida es en cierto modo recíproca a la misericordia mostrada. Claramente: ¡sin misericordia, no hay misericordia!

Jesús dijo: *"Porque si perdonáis a los demás sus ofensas, también os perdonará a vosotros vuestro Padre celestial; pero si no perdonáis a los demás sus ofensas, tampoco vuestro Padre os perdonará las vuestras"*. También subrayó: *"y perdónanos nuestras deudas, como también nosotros hemos perdonado a nuestros deudores"* (**Mateo 6:14, 15, 12**).

La misericordia es especialmente esencial cuando los demás rechazan insensiblemente la completa felicidad y satisfacción de estas *"Personas del Reino"*. Cuando el mundo no respeta la *"tierna misericordia de nuestro Dios"* (**Lucas 1:78**), es entonces cuando la misericordia debe ser clara y práctica. *"Porque el juicio es sin misericordia para quien no ha mostrado misericordia. La misericordia triunfa sobre el juicio"* (**Santiago 2:13; Efesios 4:1-2**).

La ruta directa a la disipación espiritual es la arrogancia hacia aquellos que no responden a la oferta amorosa de misericordia de Dios en la salvación: *"Pero recibí misericordia porque había actuado ignorantemente en la incredulidad"* (**I Timoteo 1:13**). El mantenimiento de una relación personal con Dios exige un profundo recuerdo de la misericordia recibida y, más aún, una misericordia, una bondad, una compasión y un amor hacia los duros, los que no tienen amor y los que no tienen misericordia. El Dios que manifestó una misericordia total a los espiritualmente horrendos (**Efesios 2:4**), que la personificó completamente en Jesús, exige una misericordia exhibida por parte de aquellos a los que se les muestra misericordia. "*Vayan y aprendan lo que esto significa: "Quiero misericordia y no sacrificio'*".

¡QUÉ FELICIDAD LE LLEGA A LOS CENTRADOS!

Alguien ha dicho que la mayoría de las personas tienen cincuenta millas de largo y una pulgada de profundidad. Casi todo el mundo en la sociedad contemporánea está demasiado disperso. Es el vano intento de mantener todos los platos girando y complacer a todos en el proceso. El vacío y la frustración abundan.

¿Qué es lo que caracteriza la vida de algunas personas que parecen tener éxito y les proporciona una sensación de optimismo y propósito? ¿Por qué otros tienen un profundo sentimiento de frustración y fracaso con la mayor parte de sus vidas?

Espiritualmente los que son maduros y proveen ejemplos asombrosos para todos los demás son aquellos santos que se mantienen enfocados y con prioridades. A veces estos cristianos avergüenzan a los demás porque no intentan hacerlo todo e incluso a veces, a pesar de sus mejores esfuerzos, no complacen a todos. Sinceramente no quieren ofender a la mayoría, pero a veces su intensidad de singularidad es irregular para todos los demás. Marchan "*al ritmo de un tambor diferente*".

La afirmación de Jesús es: "*Enhorabuena a los que mantienen su corazón decidido y prioritario, porque ellos sí ven a Dios*" (**Mateo 5:8**). Muchos hoy definen la "*pureza de corazón*" en términos negativos: "*No leo libros sucios*" o "*no hablo sucio*", etc. Si bien esto es cierto, ¿qué es la pureza de corazón en un sentido positivo?

Uno puede incluso jactarse de que hay varias cosas que **NO** hace o dice, pero esto no lo hace espiritualmente maduro o puro de corazón. Alguien ha dicho: "*La pureza de corazón es querer una* *cosa*". La esencia positiva de la pureza de corazón es también: "**BUSCAD PRIMERO** *el Reino de Dios y su justicia, y todas estas cosas os serán añadidas*" (**Mateo 6:33**).

La intensidad de Pablo puede resultar algo embarazosa para algunos:

No es que ya haya conseguido esto o que ya sea perfecto, sino que me esfuerzo (*agonizo*) por hacerlo mío... No considero que lo haya hecho mío. Pero una cosa sí hago: olvidando lo que queda atrás y esforzándome por lo que está por delante, prosigo hacia la meta para obtener el premio de la llamada de Dios hacia arriba en Cristo Jesús. Que los que somos maduros pensemos así...(**Filipenses 3:12-15**).

El éxito y la madurez espiritual es la pureza de corazón que se centra en Jesús (**Hebreos 12:1-2; 3:1**). Las cosas negativas se despojarán cuando la cualidad positiva, que define el alma, de enfocarse en Él se convierta en el aspecto natural de la vida. Incluso el salmista sabía esto: "*Una cosa he pedido a Jehová, que buscaré: que habite en la casa de Jehová* *todos los días de mi vida, para contemplar la hermosura de Jehová y para inquirir en su templo"* (**27:4**). Los centrados espiritualmente, los puros de corazón, producirán abundantes frutos porque viven vidas positivas y centradas en Dios. Sólo cuando la pureza de corazón se incorpora positiva y negativamente habrá el fruto que Dios exige (**Salmo 1; Juan 15:1-11**).

¡OH, QUÉ ALEGRÍA PARA LOS PACIFICADORES!

Hay un gozo y una bendición más allá de la paz que llega a aquellos cuyas vidas reflejan las increíbles bendiciones de estas Bienaventuranzas y es proporcionar esa paz a otros. Que un simple humano mortal pueda tener "*paz con Dios*" es prácticamente increíble; que aquellos que han recibido esta maravillosa bendición puedan compartirla con alguien más es un privilegio real.

Cuando Jesús pronuncia sus felicitaciones a quienes comparten su don de paz con extranjeros espirituales, afirma que son "*hijos de Dios*". De todas las cosas que el pueblo de Dios puede hacer y que participan de la esencia de su Padre celestial, es compartir la paz con otros. Uno nunca se acerca más a la semejanza y al corazón de Dios que cuando es un "*pacificador*".

Lo primero esencial para ser un "*hacedor de paz*" es una clara claridad de mente y corazón sobre la paz. El viejo adagio sigue siendo cierto: Uno no puede dar lo que no posee y, sobre todo, entender.

Alguien ha sugerido que el evangelismo es "*un mendigo que dice a otros mendigos dónde conseguir pan*". Ser un pacificador es idéntico simplemente porque los "*hijos de Dios*" tienen la paz sólo como un don, no como un salario ganado. La "*paz*" no es ni de lejos la idea de "*paz y tranquilidad*" que la mayoría de la gente disfruta en la cultura moderna. La mayoría de las ideas de paz en la sociedad giran en torno a algo como la música suave, un cómodo sillón reclinable y un lugar tranquilo. O la "*paz*" es lo que ocurre cuando "*la guerra ha terminado y los chicos vuelven a casa*". O la paz es cuando los niños están fuera de casa: "*¡Ahora un poco de paz y tranquilidad!*"

Pero "*la paz que sobrepasa todo entendimiento*" (**Filipenses 4:1-13**) no es un logro humano, sino un don para los pecadores obedientes y creyentes que se dirigen al Príncipe de la Paz y han lavado sus vestiduras en la Sangre del Cordero al ser bautizados (**Romanos 5:1, 8; Colosenses 1:20**). La Biblia es clara: No hay paz, dice mi Dios, para los impíos (**Isaías 57:21**). El alejamiento de Dios es la ausencia de paz: "*Pero los impíos son como el mar agitado, que no puede descansar, cuyas olas arrojan lodo y fango*" (**Isaías 57:20**). "*Orar por la paz*" es inútil si no se predica, se cree y se obedece el Evangelio del Príncipe de la Paz. La "*paz en la tierra*" de la que muchos cantan a finales de cada año sólo llega "*a los hombres sobre los que descansa su favor*" (**Lucas 2:14**), es decir, la iglesia, el pueblo de Dios, los que están "*en Cristo*". La paz con Dios es sólo para aquellos cuyos pecados han sido perdonados. La enemistad y la alienación han sido erradicadas por el Evangelio de la Paz (**Efesios 6:15; 2:12-18**). "*Los pacificadores (amantes de la paz) que siembran en paz recogen una cosecha de justicia*" (**Santiago 3:17-18**). Sólo uno "en Cristo" que es "*hijo de Dios*" (**Gálatas 3:26-27**) puede ser un "*pacificador*".

¡FELICITACIONES A LOS MIEMBROS DEL REINO!

¡No! ¡No es justo! ¡Pero no por ello deja de ser cierto! ¡Los miembros del Reino, la sal de la tierra, la luz del mundo, tendrán persecución! La queja y la amargura hacia Dios no resuelven ningún problema. El resentimiento, la ira, la rabia hacia los demás, especialmente los miembros de la familia, es inútil. El cinismo y la amargura en tiempos de persecución y sufrimiento sólo agravan las dificultades de la vida.

Jesús cierra las Bienaventuranzas con una referencia al Reino de Dios/Cielo (**Mateo 5:3, 10**). ¿Quién negaría que los miembros del Reino encuentran "*justicia, paz y alegría en el Espíritu Santo*" (**Romanos 14:17**)? ¿Quién negaría que incluso los pacificadores... serán llamados hijos (*que tienen la "naturaleza divina"*) de Dios? Las Bienaventuranzas dicen simplemente: "*Oh, qué alegría genuina y felicidad duradera les llega a los del Reino porque personifican e incorporan la semejanza de Jesús*".

Pero lo que es profundamente injusto, injusto y, a veces, terriblemente complicado no son las pruebas de los miembros del Reino, sino la muerte horriblemente injusta del Rey. Cuando los seguidores de este Rey comprenden el significado de que este Rey sin pecado sufra por el pecado, "*el justo por el injusto, para llevarnos a Dios*" (**I Pedro 3:18**), todo el sufrimiento palidece (**Romanos 8:18s**).

La verdad es clara: "*Jesús dice: Os he dicho estas cosas para que en mí tengáis paz. En el mundo tendréis tribulación (pruebas, decadencia, enfermedad, persecuciones e incluso la muerte). Pero confiad, yo he vencido al mundo*" (**Juan 16:33**). Las quejas, la amargura y una actitud agria hacia las pruebas de la vida no harán que desaparezcan ni cambiarán nada. El alejamiento, la apostasía (**Mateo 13:21; 24:12**), sólo sirve para alejarse de cualquier esperanza en el sufrimiento, el amor eterno de Dios.

¿Qué ingrediente tenían los primeros cristianos que les daba una esperanza y una alegría boyantes en tiempos de persecución y pruebas? ¿Qué vitalidad tenía su fe que hoy falta en tantos? La respuesta fundamental a esto tiene que ser: "*Entonces salieron de la presencia del concilio, alegrándose de haber sido tenidos por dignos de sufrir la deshonra del nombre*" (**Hechos 5:41**). No se regocijaron en sus grandes edificios, presupuestos o programas, cosas que se enfatizan en la iglesia de hoy. Veían la persecución como "*una clara señal para ellos de su destrucción, pero de vuestra salvación, y eso de parte de Dios*" (**Filipenses 1:28**). Las credenciales de la iglesia de Cristo no son la aprobación del mundo, sino la participación en el sufrimiento de Jesús (**Colosenses 1:24; II Corintios 6:4s; 11:23s; 12:7s**). El sufrimiento y las tribulaciones indicaban la purificación en la pertenencia al Reino (**Hebreos 12:1-29**). Incluso con profundas dificultades, sería bueno que los miembros del Reino anunciaran claramente: "*¡Bienaventurados los que son perseguidos por causa de la justicia, porque de ellos es el Reino de los Cielos!*".

EL SALMO 23

CAMINANDO CON EL GRAN PSIQUIATRA

"EL SEÑOR ES MI PASTOR"

El salmo favorito de todos comienza con Dios. El nombre de Dios que utiliza David está representado en nuestras Biblias en español generalmente por la palabra Señor. Este nombre de Dios aparece aproximadamente 6.823 veces en el Antiguo Testamento hebreo. Es el nombre que Dios usó para describirse a sí mismo a Moisés en **Éxodo 3:14**.

Dios le dijo a Moisés: **"YO SOY EL QUE SOY"**. Y dijo: *"Di esto al pueblo de Israel:* **"YO SOY** *me ha enviado a vosotros"*.

Este nombre de Dios ha sido explicado de diversas maneras: *"Soy lo que soy"* o *"Seré lo que seré"* son dos posibles traducciones. El significado real de la palabra se acerca a la idea de *"Él hace que sea"* o *"Yo estaré contigo"* (**Éxodo 3:12**). Más adelante Dios le explica a Moisés

Yo soy el Señor, y os sacaré de las cargas de los egipcios, y os libraré de su esclavitud, y os redimiré... y os tomaré por pueblo mío, y seré vuestro Dios; y sabréis que yo soy el Señor, vuestro Dios... Os introduciré en la tierra... Yo soy el Señor (**Éxodo 6:6-8**).

Justo antes de que Moisés recibiera el segundo juego de tablas de piedra en las que estaba escrito el pacto, las Diez Palabras, Dios le reveló su carácter más íntimo:

Yahveh, Yahveh, Dios misericordioso y clemente, lento a la cólera, y abundante en amor y fidelidad, que guarda la misericordia a millares, que perdona la iniquidad y la transgresión y el pecado... (**Éxodo 34:6-7**).

¡Qué concepto tan asombroso! ¡El eterno, increado, omnisciente, todo poderoso, majestuoso y santo Dios es **TU** Pastor! **El YO SOY**, el Dios de los cielos y de la tierra, es un pastor amoroso, cuidadoso y proveedor de tu corazón cansado, roto y plagado de pecados.

Jesús nos enseña a rezar (**Lucas 11:1s; Mateo 6-9s**) que, ¡Padre nuestro, que estás en el cielo, santificado (*apartado, santificado en mi corazón*) sea tu nombre..., es nuestro **SEÑOR** y Pastor!

Dios, el Espíritu Santo, nos revela que nuestro Señor y Pastor es nuestro Salvador y Rey, Jesús el Cristo, el Hijo de Dios (**Juan 10:10s**). ¡Porque en él, **JESÚS**, habita toda la plenitud de la deidad en forma corporal! (**Colosenses 2:9**)

¡Tu Pastor no es otro que el propio **SEÑOR** Jesucristo! Es imposible leer y comprender este magnífico Salmo sin conocer a Jesucristo como tu Salvador y Señor. ¡Él es **TU** Buen Pastor!

EL SEÑOR PUEDE SER TU PASTOR SI ES TU CORDERO

El último consuelo del Pastor del Salmo 23 viene sólo a aquellos que lo conocen como el Cordero. Para reclamar los beneficios y las bendiciones descritas en este Salmo, primero hay que reconocer que el Pastor es el Cordero.

En el gran capítulo que delinea las capacidades de Jesús como El Buen Pastor, **Juan 10**, hay estos importantes versos:

"Yo doy mi vida por las ovejas..." (**15**)
"Doy mi vida para volver a tomarla. Nadie me la quita, sino que yo la pongo por mi propia voluntad..." (**17-18**)

Juan el inmersor ya había identificado a Jesús como *"el Cordero de Dios que quita el pecado del mundo"* (**Juan 1:29**).

Cuando Pedro describe la redención de los cristianos, proclama con confianza que fueron rescatados de los caminos vanos heredados de vuestros antepasados, no con cosas perecederas como la plata o el oro, sino con la sangre preciosa de Cristo, como la de un cordero sin mancha ni defecto. Él fue conocido antes de la fundación del mundo, pero se manifestó en los últimos tiempos por vosotros... (**I Pedro 1:18-20**).

Para que alguien pueda decir, "**El SEÑOR** *es* **MI PASTOR...**", uno debe primero permitir que Su sangre limpiadora perdone, purifique y limpie de todo pecado. Sólo los que están en Su redil (**Juan 10:16**), en Su Reino, que son sacerdotes (**Apocalipsis 1:5-6**), pueden reclamar legítimamente Su Señorío (**Mateo 7:21; Apocalipsis 7:14**).

Hay muchos que dirán o leerán: "*El Señor es mi pastor*", pero que nunca admitirían su similitud con una oveja: dependiente, constantemente necesitada de sustento y guía. Jesús se calificó a sí mismo para ser el Buen Pastor al convertirse en el Cordero aceptable y sin pecado. Es su disposición a ser humilde, obediente, sumiso y humano como todos los hombres, sí, incluso como un Cordero, lo que le da el privilegio de ofrecer la redención por su sangre. Él será tu Pastor.

"YO ESTOY CONTIGO TODOS LOS DÍAS"

De todas las preciosas palabras del Salmo 23, quizás la promesa de la presencia continua del Pastor en el verso 4 es la esencia del salmo. Desde el altísimo Señor Everest espiritual de los *"caminos de la justicia"* hasta el Valle de la Muerte de las más oscuras profundidades espirituales, Él está con las ovejas. Desde la euforia espiritual del Monte de la Transfiguración hasta *"el terror de la noche... la flecha que vuela de día... la pestilencia que acecha en las tinieblas"* y, sí, incluso *"la destrucción que arrasa al mediodía"* (**Salmo 90:5-6**), Él está con Su pueblo, la iglesia, el rebaño de Dios.

Cuando la excelencia espiritual de José fue desafiada por "*la señora Potifar*", no quiso hacer esta "*gran maldad, y pecar contra Dios*" (**Génesis 39:9**). Absolutamente nadie estaba allí para apoyar o incluso saber, ¡pero José sabía que Dios estaba allí!

La presencia de Dios fue la promesa a Moisés cuando se enfrentó al rey/dios más formidable del mundo, el Faraón (**Éxodo 3:12**). Cuando a Josué se le encomendó la tarea prácticamente insuperable de guiar al pueblo de Dios hacia la Tierra Prometida, ocupando el lugar de Moisés, Dios dijo: "*Como estuve con Moisés, así estaré contigo; no te fallaré ni te abandonaré... porque el Señor Dios está contigo dondequiera que vayas*" (**Josué 1:5,9**).

Incluso cuando haya un miedo paralizante a causa de una multitud de desafíos y sea necesario "*batir el trigo en un lagar, para esconderse de los mideonitas*" (**Jueces 6,11s**), las ovejas de Dios, como Gedeón, oirán a Dios decir: "*El Señor está contigo, valiente*". "*No temas, porque los que están con nosotros son más que los que están con ellos*" (**II Reyes 6,16**).

Tanto como en cualquier otro momento, la iglesia de Cristo debe escuchar y recordar en tiempos de evangelización y edificación, "*y he aquí (nótese con atención), yo estoy con vosotros todos los días (literalmente "todos los días"), hasta el fin del mundo*". (**Mateo 28:20**). Si Pablo necesitó escuchar esta promesa en Corinto: "*No temas, habla y no calles, porque yo estoy contigo...*" (**Hechos 18:9-10**), entonces las ovejas que hacen la misma obra de Dios en un lugar similar también necesitan oírla.

La promesa es clara: "*Nunca os fallaré ni os abandonaré*". Por lo tanto, podemos decir con confianza: "*El Señor es mi ayudante, no tendré miedo; ¿qué me puede hacer el hombre?*" (**Hebreos 13:5-6**). ¿Y qué es el Cielo si no es nada más que la plenitud de Su Presencia por toda la eternidad (**Apocalipsis 21:3**)?

"NADA ME FALTA"

La traducción común del **Salmo 23:1** es
"*El Señor es mi pastor, nada me faltará*". Tal vez una
mejor manera de entender esta frase es "*Nada me
faltará*" o aún mejor, "*Nada me falta*".

Una niña estaba explicando este versículo en
su clase de escuela dominical cuando dijo: "*Si Jesús
es mi pastor, tengo todo lo que necesito*". Y tenía toda la
razón. Este es el mensaje del **Salmo 23**.

Esto no sorprende al hijo de Dios. **Mateo 6:33**
sigue siendo una promesa preciosa:

Buscad primero su reino y su justicia,
y todas estas cosas os serán dadas
también.

Todo cristiano aprecia **Efesios 1:3**.

Alabado sea el Dios y Padre de
nuestro Señor Jesucristo, que nos ha
bendecido en los reinos celestiales
con toda bendición espiritual en
Cristo.

¿Y quién no abraza en su corazón **Filipenses
4:19**?

Y mi Dios satisfará todas vuestras
necesidades según las riquezas de su
gloria en Cristo Jesús.

El pasaje consumado sobre este tema es el
comienzo de nuestro método favorito de
evangelismo personal: "*Su poder divino nos ha dado todo
lo que necesitamos para una vida piadosa mediante el
conocimiento de aquel que nos llamó por su propia gloria y
bondad*" (**II Pedro 1:3**).

Si alguien quiere seguridad física, emocional y espiritual, que encuentre al Buen (*atractivo, hermoso*) Pastor, Jesucristo. Él es nuestro Rey y Pastor. El Señor, Salvador y Redentor del universo es también nuestro Pastor. El impresionante Dios de toda la creación se hizo hombre desde el cielo (**I Corintios 15:48**), entró en la corriente de la humanidad sufriente y murió por nuestros pecados. Está capacitado para ser nuestro Pastor supremo (**I Pedro 5:4**) porque fue resucitado por nosotros.

Todo lo que el corazón humano necesita, no necesariamente quiere, nuestro Buen Pastor lo suministra generosamente. Si se trata de liderazgo, Él está ahí. Si se trata de la victoria en las pruebas, Él nos da una fuerza de conquista más que suficiente (**II Corintios 11:23s; 12:7s**). Si se trata de la depresión o incluso de la muerte, hay "*victoria para los vencedores*" (**I Juan 5:4, Salmo 23:4**). ¿Es este tu Pastor, Señor y Rey?

"ÉL ME GUÍA"
(PARTE 1)

Cuando David escribió el **Salmo 23**, utilizó dos palabras diferentes para "*guiar*" en los versos dos y tres. Nuestra consideración en el artículo será la palabra en el verso 2, "*Me guía junto a aguas tranquilas*". Un artículo futuro sugerirá aplicaciones de la palabra para "*guiar*" en el verso tres, "*Me guía por sendas de justicia*".

Es importante notar que "*guiar*" en el verso 2 sugiere la idea de alimentar, sostener y proveer. Su liderazgo es paralelo a la idea de "*Él me hace*", en el sentido de cuidar los recursos espirituales internos de uno. Los "*pastos verdes*" y las "*aguas de reposo*" proporcionan la restauración de la vida-alma. Aquí está la renovación **INTERNA**; el renacimiento del alma; el rejuvenecimiento del corazón.

La palabra "*guiar*" en el versículo 3 se usa en otros contextos para denotar el liderazgo de un ejército. Aquí se trata del liderazgo **EXTERNO**, exterior, de la marcha de un ejército victorioso (**Apocalipsis 14**). El ejército de Dios es dirigido por el Cordero/Pastor (**Apocalipsis 7:17**). En esta cultura de sobre esfuerzo y actividad, es típico tratar de librar la batalla, de tener la "*victoria en Jesús*", sin haber tenido el alma restaurada. Demasiados no han ido a los exuberantes y verdes pastos de la meditación tranquila y la alabanza y no encuentran fuerzas para la "*batalla*". Es una estratagema de Satanás hacer que muchos estén tan ocupados con el "*trabajo de la iglesia*" que se descuiden las aguas tranquilas y quietas del descanso, del estudio profundo de la Biblia y de la oración ferviente. No es de extrañar que muchos tengan almas secas y hambrientas y que pierdan la batalla en los caminos de la justicia o en el valle de las más profundas tinieblas.

El sentimiento de culpa autoinducido de "*hay tanto que hacer*" ciega y agota el alma porque no hay suficiente tiempo para "*recostarse en los verdes pastos*" de Su maravillosa y aseguradora presencia. Estas almas frenéticas y ocupadas simplemente no comen ni beben lo suficiente para disfrutar de la restauración del alma. Es la suerte de demasiados de ser cautivados por la "*tiranía de lo urgente*" que la prioridad fundamental de la adoración interna, privada, el estudio, la alabanza, la oración y la meditación se descuidan. No es de extrañar que tantos "*en la iglesia*" abandonen: los caminos de la rectitud son tan desafiantes y el valle de las más profundas tinieblas es tan incomprensible que no hay fuerza espiritual **INTERNA** (**Efesios 3:16s**) para reclamar la victoria. La vida cristiana es una batalla de por vida (**II Tim. 4:7**), no una simple escaramuza. Donde uno come y bebe (**Mateo 5:6**) determina la condición y la victoria del alma en Cristo.

"ÉL ME GUÍA"
(PARTE 2)

En el artículo anterior, la ingenuidad de pensar que porque "**El SEÑOR** *es mi pastor, tengo todo lo que necesito...*", uno puede inmediatamente ser guiado en "*caminos de justicia por causa de Su Nombre.*" Demasiados cristianos quieren entrar en la lucha espiritual sin haber estado en los "*verdes pastos*" y en las "*aguas de reposo.*" Jesús y Pablo ambos tuvieron un periodo extenso después de su inmersión cuando tuvieron su "*alma restaurada.*" La situación actual para muchos es que ellos "*caen*" o no producen fruto hacia la perfección/madurez, simplemente porque ellos rechazan ser **HECHOS** por el Buen Pastor para comer y beber.

La pregunta es: ¿Cuáles son algunos de los "*caminos de justicia*" por los que Él guiará a sus ovejas después de que hayan tenido sus vidas restauradas?

♦ ¿Es el camino de la pureza sexual y moral decidida como José? (**Génesis 39:9-10**) El **NO** de José a la "*señora de Potifar*" fue un camino de rectitud que rara vez se toma en el mundo de hoy.

♦ ¿Es el camino del compromiso profundo con la autoridad absoluta y la inspiración de las Escrituras? Micaías tenía este compromiso aunque le costara la vida (**I Reyes 22:8s**).

♦ ¿Es el camino de la madurez espiritual que reconoce el valor eterno y la prioridad de la relación de uno con Dios y su pueblo sobre todo lo demás? La fe de Moisés le llevó a una vida totalmente opuesta al poder y los encantos de Egipto (**Hechos 7:22; Hebreos 11:26**).

Cada cristiano tiene "*caminos de justicia*" que pueden ser profundamente desafiantes: el perdón, la paciencia y el autocontrol. El control y el compromiso de la propia lengua, el tiempo y los talentos es un camino de justicia para todos. Pero permanecer fieles en estos "*caminos de justicia*" sigue siendo una cuestión de permitir que el Buen Pastor **HAGA** que las ovejas "*se acuesten en pastos verdes*" y beban profundamente de "*las aguas del descanso*".

"EL VALLE DE LAS MÁS PROFUNDAS TINIEBLAS"

No hay mal que por bien no venga a quien estudie el material bíblico relativo a la depresión. Las estadísticas sugieren que entre el 10% (*Universidad de Michigan*) y el 17% de la población mundial (Flach, The Secret Strength of Depression, p.1) está significativamente deprimida. Estar deprimido no es un pecado, ni es impío, ni es señal de inmadurez o debilidad espiritual. Si la depresión es un pecado, el salmista (*David*), los profetas (*Moisés, Elías, Jeremías, Juan el Bautista*), Jesús y Pablo fueron todos grandes pecadores. Es la suerte de la humanidad experimentar la depresión, el dolor, la pérdida, la ira y el resentimiento (*Abraham Lincoln,*

Winston Churchill, Charles Spurgeon, Walter Scott-el evangelista altamente eficaz en el movimiento de la Restauración).

Si bien es una tragedia indescriptible que muchos cristianos crean que la depresión es un signo seguro de inmadurez, es aún más preocupante que la "*iglesia*" se haya convertido en un "*lugar*" donde todos son perfectos, tienen todos sus problemas resueltos y no hay depresión. Si se rasca la superficie de cualquier "*directorio de la iglesia*", es evidente que todos están sufriendo una fase de depresión u otra. Qué triste es que la "*iglesia*" se haya convertido en un entorno en el que muchos tienen miedo de admitir sus pecados y depresiones y encontrar perdón, sanación y limpieza (**Santiago 5:17, I Juan 1:9s**).

El himno que se canta con frecuencia y que incluye las palabras "*feliz todo el día*" sugiere el mito de que los cristianos son siempre felices y no tienen problemas. A los cristianos no se les exige que sean "*felices*", sino que "*se alegren en el Señor*" (**Filipenses 3:1; 4:4s**). Filipenses 4 proporciona el paradigma práctico para tratar la depresión, la ansiedad y la pena. Puede que no sea un pecado estar deprimido, pero hay dudas sobre la madurez espiritual o la enfermedad mental si uno se queda allí. Recuerde lo siguiente:

Asegúrate de saber que estás **EN** Cristo; que eres salvo, amado, perdonado y tienes vida eterna: **vs. 3-4 (Hechos 16:30-34)**

- Estar siempre atento a Su Segunda Venida, **vs. 5**
- Mantén una oración ferviente, con acción de gracias, **vs 6 (I Tesalonicenses 5:16-18)**
- Re-enfoca tus pensamientos, **vs 8 (II Corintios 10:5-6)**
- Aprende el secreto del contentamiento, **vs. 11 (I Timoteo 6:6s)**
- Accede siempre a tu fuente de poder, **vs. 13, 19 (Efesios 3:16-21)**.

La depresión, la pena, la ira y el resentimiento no desaparecerán; son la suerte común de la existencia humana. Sin embargo, la mayoría de las depresiones son comprensibles y tratables si se aceptan diariamente las "*medicinas*" del Gran Médico/Psiquiatra.

"NO TEMERÉ NINGÚN MAL"

El **Salmo 23:4** dice que en el "*valle más oscuro*" de la vida no hay que temer porque Dios está con sus ovejas. Es importante recordar que una victoria sobre el miedo en las horribles circunstancias de la vida, e incluso en los "*senderos de la justicia*", es absolutamente esencial un pleno entendimiento y comprensión del Buen Pastor. O, si se quiere vencer el miedo, debe haber una relación personal con el Pastor/Cordero de Dios que suple toda necesidad. El miedo permanece invicto a menos que haya una voluntad, obediencia y compromiso con la única fuente verdadera de poder espiritual: Jesús.

111

También es muy importante que las ovejas recuerden que el mal, incluso las circunstancias trágicas y desconcertantes, vendrán. Los valles de la más profunda oscuridad son inevitables cuando hay compromiso con el liderazgo del Pastor en los "*caminos de la justicia*". Las conmovedoras palabras de Pablo en **Hechos 20:24**, "*No considero mi vida de ningún valor ni preciosa para mí mismo, con tal de cumplir mi curso y el ministerio que recibí del Señor Jesús...*" proporcionan el sentimiento de las palabras de David. Más adelante, Pablo dice: "*Porque estoy dispuesto no sólo a ser encarcelado, sino incluso a morir en Jerusalén por el nombre del Señor Jesús*" (**21:13**).

La fuerza personal de Pablo ante la angustia del cuerpo y la ejecución final se encuentra en **Filipenses 2:17**: "*Aunque deba ser derramado como una libación sobre la ofrenda de sacrificio de vuestra fe, me alegro y me regocijo con todos vosotros.*" Aquí está el ejemplo para todas las Ovejas de Dios: una disposición y relación con El Buen Pastor, que es La Resurrección y la Vida (**Juan 11:25s**). Puede que Pablo no haya escuchado las palabras verbales de Jesús en la noche de Su traición, pero el Gran Apóstol sí lo sabía: "*No* *se turbe vuestro corazón, ni tenga miedo"* (**Juan 14:27**). *"El Jinete del Caballo Blanco, cuyo nombre es Fiel y Verdadero, que es el primero y el último, dice* **NO TEMÁIS**... *Yo estoy vivo para siempre, y tengo las llaves de la Muerte y del Hades"* (**Apocalipsis 19:11; 1:17-18**). Las ovejas están libres del miedo de por vida a la esclavitud de la muerte que la multitud de la humanidad experimenta a diario porque han sido liberadas por el Buen Pastor que entregó Su vida y ha vencido a la muerte, al mundo y a Satanás (**Juan 10:15s; 16:33**).

Ahora se convierte en una cuestión personal: ¿Tienes esta victoria sobre todos los miedos, incluso este miedo de todos los miedos, la **MUERTE**?

EL "CONSUELO" DE SU VARA Y SU BASTÓN

Si realmente lo pensáramos, podríamos admitir que esta es la parte del **Salmo 23** que realmente no queremos considerar. Si David hubiera dicho: "*Tu cayado me consuela*", podríamos sentirnos mejor. Pero el énfasis aquí es que el Pastor tiene una "*vara y un cayado*" y podríamos no encontrar ningún consuelo en su "*vara*".

El cayado tenía unos 8 pies de largo con un gran cayado en un extremo y se usaba para rescatar, liberar, contar y controlar. Es reconfortante saber que nuestro Buen Pastor tiene la autoridad para rescatarnos con su gloriosa victoria. Aquí está el consuelo: El rescate y la liberación del pecado, la culpa y el castigo eterno. Nuestros corazones saltan de alegría por el consuelo de saber que *"El Señor conoce a los suyos"* (**II Timoteo 2:19**). Perdón, redención y aceptación. ¡Qué consuelo!

Pero también tiene una vara para nuestra disciplina, corrección y protección. Este es el Este es el *"consuelo"* que tal vez no disfrutemos en el momento, pero *"más tarde da el fruto apacible de la rectitud a los que han sido instruidos por ella"* (**Hebreos 12:11**). Esto se debe a que la vara era un palo pesado y duro, de unos 2 a 3 pies de largo, que también se encontraba en el hogar: *"La locura está atada al corazón del niño, pero la* **VARA** *de la disciplina la aleja de él"* (**Proverbios 22:15**). Y *"El que escatima la vara odia a su hijo, pero el que lo ama se esmera en disciplinarlo"* (**Proverbios 13:24**).

La mayoría de nosotros queremos el *"consuelo"* de Su amor perdonador, pero tenemos grandes dificultades con el *"consuelo"* de Su amor disciplinador (**Hebreos 12:5-11**). Es fácil creer que el *"consuelo (literalmente "arrepentimiento") de Su vara"* es evidencia de que Él ha dejado de amarnos cuando en realidad la disciplina de Su amor es para nuestra santidad final (**Santiago 1:2s; I Pedro 1:6s; 4:12s**). ¿Desde cuándo hay alguno de nosotros que sea tan bueno que no necesite e incluso merezca el consuelo/arrepentimiento de Su vara? Las Escrituras y los acontecimientos providenciales de la vida nos ofrecen a todos las bendiciones de un amor que nos consuela rescatándonos del pecado y santificándonos a la santidad y la madurez.

Es mi felicidad abajo
No vivir sin la cruz;
Pero el poder del Salvador para conocer,
Santificando toda pérdida:
Las pruebas han de llegar y llegarán;
Pero con humilde fe ver
El amor inscrito en todas ellas,
Esto es la felicidad para mí.
Las pruebas hacen dulce la promesa,
Las pruebas dan nueva vida a la oración;
Las pruebas me llevan a sus pies,
Me hacen caer, y me mantienen allí.

(William Cowper, Welcome Cross)

EL AMABLE ANFITRIÓN UNGE A SUS INVITADOS

En la convincente historia de Jesús siendo ungido por la mujer pecadora en **Lucas 7**, Jesús le recuerda a su anfitrión la forma descuidada en que ha descuidado honrar a sus invitados. Este fariseo totalmente desconsiderado no proporcionó agua para lavar los pies de Jesús, ni un beso de bienvenida en su mejilla, ni aceite para ungir su cabeza. Esto era especialmente significativo a la luz del clima tan seco, particularmente cuando el viento del desierto prevalecía.

Nuestro amable anfitrión, el Buen Pastor, nos da la bienvenida a su banquete de amor y aceptación, generosamente preparado (**Lucas 14:15s**) y "*ungiendo nuestras cabezas con aceite*" (**Salmo 23:5**). Jesús, nuestro Señor y Dios encarnado, no sólo proporciona el delicioso alimento, sino que también lo sirve (**Lucas 22:27**). Aquí está "*El Increíble*" Dios que ha asumido todos los aspectos de la humanidad (**Hebreos 2:14s; 4:15**), que tendrá la cabeza coronada de espinas, las manos y los pies clavados en una cruz, y que morirá pidiendo a su Padre que perdone a sus crucificadores, sirviendo graciosamente a pigmeos espirituales (**Lucas 22:24s**) como nosotros.

Jesús, el Buen Pastor y el Anfitrión Bondadoso, no sólo proporciona provisiones adecuadas para cada circunstancia de la vida, sino que honra a su pueblo, "*las ovejas de su prado*" (**Salmo 100; Juan 10:16**) llenando sus corazones con el Espíritu Santo (**Efesios 5:19**), ungiéndolas como honradas y preciosas (**II Corintios 1:21-22**). Incluso el nombre de este rebaño, la iglesia, cada una de Sus ovejas lleva "*cristiano*", significa "*los ungidos*" (**Hechos 11:26**). Sólo aquellos que se someten al Pastor y comen en Su Mesa de amor de alianza son Sus "*ungidos*". Este amable Anfitrión perdona, sirve y honra a Sus invitados.

Este es el poder y el estímulo para vencer al mundo desconsiderado que constantemente susurra que el Pueblo de Dios no tiene importancia o significado. La falta de autoestima por los constantes fracasos de la vida se borra con el banquete de amor y aceptación, con la unción del Espíritu Santo (**Efesios 1:13-14**) a aquellos que con gratitud, en amor y obediencia, aceptan Su invitación. "*El que crea y se bautice se salvará*" y "*Y el Señor añadía cada día a su número (la iglesia) los que se salvaban*" (**Marcos 16:16; Hechos 2:47**).

"MI COPA REBOSA"

A menudo parece que todo el mundo conoce el **Salmo 23**. Pero la mayoría parece leer el Salmo sólo en aquellas situaciones de angustia en las que todos los recursos humanos se han evaporado. Y, sin embargo, parece que la mayoría no ha contemplado las exigencias totales de sumisión y compromiso que deben tener los pastores para con las ovejas. Aunque el Pastor suple todas las necesidades, también espera una obediencia confiada.

Si la interpretación adoptada en esta serie de artículos es correcta, entonces El Buen Pastor (**vs. 1-4**) o El Anfitrión Bondadoso (**vs 5**) provee recursos totales para cada circunstancia de la vida. Ahora Él los honra con la unción y la copa rebosante. Tal vez las palabras "*Mi copa rebosa*" sean realmente una profunda exclamación de gratitud y una conclusión de todo lo que se ha dicho.

David comparte el sentimiento del leproso samaritano de **Lucas 17:11s** que, cuando "*vio que estaba curado, volvió alabando a Dios en voz alta. Se arrojó a los pies de Jesús y le dio las gracias*". He aquí un pedazo de chatarra humana completamente despreciado y rechazado en aquella sociedad que se da cuenta en un momento de verdad del maravilloso poder de las bendiciones de Dios. Esta escoria de la humanidad, sin esperanza y mezclada racialmente, se dio cuenta como pocos lo hacen hoy en día de la cualidad celestial de la gratitud, sin la cual nadie puede disfrutar de la dicha eterna en el cielo.

El cielo está poblado por los redimidos agradecidos (**Apocalipsis 4s**). La gratitud no se aprende atiborrándose de pavo un día del año, sino que es una actitud constante y diaria que hay que aprender y apropiarse (**Colosenses 1:3, 12; 2:6-7; 3:15-17; 4:2**). El egoísmo y la ingratitud son populares y fáciles. La gratitud, en total contraste, requiere tiempo, energía y pensamiento. "*Agradecer sigue al pensamiento*". "*Contar tus muchas bendiciones*" no es natural para la mayoría de las personas. Muchos "*darán las gracias*", pero la mayoría de la gente tiene profundas reservas para vivir a fondo el sentimiento de David: "*¿Pero quién soy yo, y quién es mi pueblo (familia), para que podamos dar generosamente como esto? Todo viene de ti, y sólo te hemos dado lo que viene de tu mano*". "*Ahora, Dios nuestro, te damos gracias y alabamos tu glorioso nombre*" (**I Crónicas 29:14, 13**).

David pecó profundamente (**II Samuel 11-12**), pero siempre será "*el hombre según el corazón de Dios*" (**Hechos 13:22**) porque fue agradecido: "*¡Mi copa rebosa!*" Las preguntas de Jesús penetran en el corazón de cualquiera que escuche "*para la eternidad*". "*¿No quedaron limpios los diez? ¿Dónde están los otros nueve? ¿No se encontró a nadie que volviera a alabar a Dios, excepto este extranjero?*" (**Lucas 17:17-18**).

¡MIRA LO QUE TE PERSIGUE!

Si el principal problema de muchas personas es la falta de amor y la consiguiente incapacidad para dar amor, se deduce que el pasado personal es un factor determinante. Se ha dicho a menudo que nadie puede cambiar el pasado, pero los sentimientos sobre el pasado pueden cambiarse.

El pasado personal es una mezcla de "*recuerdos preciosos*" y a menudo de profundos remordimientos y arrepentimientos. Sólo se necesitan unos momentos de "*doble pensamiento*" para tener dulces y alegres pensamientos del pasado y casi inmediatamente sentir el poder de los "*fantasmas del pasado*" en lo más profundo de los armarios del alma de uno. Cuántas veces se olvidan las cosas buenas y se recuerdan las oscuras, lúgubres y arrepentidas para destruir el presente e incluso las esperanzas del futuro.

Que los pecados y remordimientos del pasado hayan sido perdonados y olvidados por Dios es un corolario de la nueva Alianza (**Hebreos 8:8-12**). La última maravilla del amor de Dios es que está tan dispuesto a perdonar y olvidar. Su magnánima compasión le permite seguir amando y bendiciendo al hijo de Dios, incluso cuando esos pecados recordados y lamentados del pasado controlan e incluso destruyen el presente y cualquier esperanza de futuro.

David oró porque conocía el poder del pasado: "*No te acuerdes de los pecados de mi juventud y de mis rebeldías; según tu amor acuérdate de mí, porque tú eres bueno, oh Señor*" (**Salmo 25:7**).

Pablo debió de estremecerse un poco en sus recuerdos cuando escribió: "*Aunque fui blasfemo, perseguidor y violento, se me mostró misericordia porque actué con ignorancia e incredulidad*". Incluso testificó a Agripa: "*No sólo encerré a muchos de los santos en la cárcel, sino que también di mi voto en contra de ellos cuando estaban siendo condenados a muerte*" (**I Timoteo 1:13; Hechos 26:10**). Pero nunca permitió que este pasado sombrío y negativo controlara o incluso interpretara lo que era o lo que hacía por su Maestro y Rey.

David tenía la profunda convicción de que "*Ciertamente, ciertamente, confiadamente, la bondad de Dios y su amorosa bondad me persiguen todo el día de mi vida*" (**Salmo 23:6**). David y Pablo podían vivir con confianza en el presente porque justo detrás de ellos, persiguiéndolos, siguiéndolos como un sabueso, estaba la tierna bondad de Dios y su amor desmedido. Su presente era alegre y su futuro optimista porque la bondad y el amor de Dios les proporcionaban una perspectiva del pasado, incluso mayor que sus pecados y remordimientos. ¡Qué maravillosa bendición para sus ovejas, esos invitados de honor que se sientan a su mesa para entender que su amor siempre reinterpretará y sanará incluso el pasado!

"EL CIELO ES UN LUGAR HERMOSO; QUIERO VER EL ROSTRO DE MI SALVADOR; EL CIELO ES UN LUGAR HERMOSO"

El **Salmo 23** termina con la afirmación de David de que morará, o vivirá, en la casa del Señor para siempre. Aunque la mayoría de la gente interpreta esta expresión como una garantía de que vivirá en el cielo, probablemente quería decir que permanecería en una relación justa con su Pastor todos los días de su vida.

La traducción judía dice: "*Moraré en la casa del Señor por muchos y largos años*". El hebreo dice

131

literalmente: "*por largos días*". La NRSV dice: "*Habitaré en la casa del Señor toda mi vida*".

Esta interpretación se debe a que el hebreo no tiene una palabra para "*eternidad*" en el mismo sentido que el Nuevo Testamento. Esto se ilustra mejor en pasajes como **Génesis 13:15**, "*porque toda la tierra que ves te la daré a ti y a tu descendencia para siempre*" y **17:13**, "*Así será mi pacto en tu carne, un pacto eterno*". Ciertamente, la promesa de la tierra y el pacto de la circuncisión no son eternos, sino que debían durar hasta la plenitud o finalización de los días en que el Antiguo Testamento fuera "*abolido*" (**Efesios 2:15**). Jesús ciertamente no pensó que Jonás estuviera en el pez "*para siempre*", pero Jonás dijo que lo estaba (**Jonás 2:6**). Tres días y tres noches pudieron parecerle a Jonás "*para siempre*", pero no era la eternidad.

Dado que la "*casa de Dios*" es la iglesia (**I Timoteo 3:15**), la interpretación correcta para hoy es una hermosa afirmación: "*Permaneceré en Cristo, en su Cuerpo, y Él permanecerá en mí, todos los días de mi vida*". Después de leer el **Salmo 23** a través de la lente de la Cruz, tiene sentido afirmar la convicción:

Después de todo lo que mi Buen Pastor/Anfitrión Bondadoso ha hecho por mí, ciertamente permaneceré fiel a Él, en una relación bíblica y espiritual con Él, todos los días de mi vida.

Aquellos que viven fielmente esa convicción hasta la muerte (**Apocalipsis 2:10**) ciertamente disfrutarán de la maravilla y las glorias del Cielo, el reino preparado desde la fundación del mundo (**Mateo 25:34**). El cielo ha sido preparado para la eternidad e incluso los justos del Antiguo Testamento disfrutan de su gloria (**Mateo 8:11**). Los justos del Antiguo Testamento están en el cielo porque Cristo moriría (**Romanos 3;25**). La iglesia, la casa de Dios, que Jesús prometió construir, (**Mateo 16:18; Juan 14:2**) se compone sólo de aquellos que son añadidos a Su cuerpo cuando obedecen el evangelio. El único Camino, Verdad y Vida en esa casa, la iglesia, es Jesús (**Juan 14:6**). Los únicos que tienen una morada en la familia de Dios son los que le aman y guardan sus mandamientos (**Juan 14:15, 23**). El cielo es el destino glorioso y eterno para todos los que son fieles en Cristo.

EL PADRE NUESTRO

HABLAR CON EL GRAN PSIQUIATRA

"SEÑOR, ENSÉÑANOS A ORAR"

Hace varios años, mientras me sentía profundamente inadecuado sobre la naturaleza de mi vida de oración y estudiaba las oraciones bíblicas, alguien me dio un esquema muy útil. El sentimiento de inadecuación sigue ahí y nunca desaparecerá, pero estos sencillos puntos me han ayudado. No recuerdo de dónde salieron, pero muchos han comentado lo significativos que han sido para ellos cuando los he compartido.

La simplicidad de este esquema se basa en cinco puntos que se pueden identificar con los dedos de la mano.

137

En primer lugar, deja que tu pulgar te recuerde que el comienzo más significativo de una oración significativa es la Alabanza. La oración debe comenzar con Dios y su grandeza: "*Padre nuestro, que estás en el cielo, santificado (apartado) sea Tu Nombre*".

En segundo lugar, que tu dedo "*señalador*" sea la Acción de Gracias. La actitud básica de gratitud define el significado del cristianismo. Estos dos puntos (*como los dedos de la mano*) constituyen la esencia de la oración espiritual. La dependencia total en la gratitud por nuestras bendiciones se expresa en "*Danos hoy nuestro pan de cada día*".

En tercer lugar, que el dedo corazón, el más largo, sea el que nos señale a Dios para los demás. Esta es la oración de **I Timoteo 2:1s**. Esta intercesión incluye a todos, incluyendo a nuestros enemigos, a los que no son salvos y a los que están cerca y a los que nos cuesta entender y amar. Ora por los demás por su nombre como puedas.

Cuarto, deja que tu "*dedo anular*" sea el que te recuerde tu necesidad de Dios. Es la confesión del alma ante Dios. Es la constatación del pecado y del fracaso. Aquí encontramos la limpieza, el perdón y la aceptación.

En quinto lugar, el dedo meñique, último pero no menos importante, representa la Petición. Con demasiada frecuencia ponemos nuestras necesidades en primer lugar y esto invierte la oración espiritual. La oración aceptable siempre pone a Dios y a los demás antes que a uno mismo. **Mateo 6:8** nos recuerda que Dios no necesita información sobre nuestras vidas. Debido a que la oración es fundamentalmente alinear nuestra alma con la voluntad de Dios (**Mateo 26:42**), la Alabanza, la Acción de Gracias y la Intercesión se convierten en el aspecto más importante de nuestras oraciones.

Las palabras de Pablo: "*No sabemos por qué debemos orar...*" han sido un gran consuelo para mí. Si el gran apóstol pudo decir eso, entonces estoy en "*buena compañía*" cuando me siento igual. Recuerda que los santos más maduros han agonizado en la oración y se han sentido totalmente inadecuados (**Colosenses 4:12**), y ese es realmente el primer paso para una oración significativa y madura.

MODELO 1:
"PADRE NUESTRO"

Nada es más importante para el hijo de Dios que aprender a orar. Fue esta petición la que motivó a los discípulos de Jesús a decir: "*Señor, enséñanos a orar, como Juan enseñó a sus discípulos*" (**Lucas 11:1**). Fue entonces cuando Jesús dijo: "*Así es como debéis orar*" (**Lucas 11:2, NLT**). Un respetado autor mencionó que "los rabinos judíos tenían la costumbre de enseñar al pueblo unos esquemas de oraciones que se conocían como "*oraciones índice*". Reunían una serie de frases cortas, cada una de las cuales sugería un punto para la oración. Recitaban una frase y luego, antes de pasar a la siguiente, la ampliaban, extrayendo algunas de sus implicaciones y aplicaciones" (Lockyer, All the Prayers of the Bible, p.192).

La "*Oración Modelo*" comienza con el profundo concepto de que la oración, fundamentalmente, es una experiencia corporativa, no totalmente privada y personal. Puede haber momentos en los que, como el Salvador, digamos "*Dios mío, Dios mío, ¿por qué...?*". Pero parece que el contexto normal de nuestras oraciones es que somos conscientes de que hay otros que están "*con*" nosotros.

El "*Nuestro*", por tanto, debe significar "*tú y yo*", pero también incluye a "*Dios Hijo*". Rara vez contemplamos la realidad de que Dios Hijo y Dios Espíritu Santo "*interceden*" por nosotros (**Romanos 8:26, 27, 34**). Qué consuelo es saber que, aunque "*derramemos nuestras ardientes oraciones*", somos "*familia*". La oración, por tanto, involucra íntima y personalmente a la Divinidad y a toda la comunidad redimida: la familia de Dios, la iglesia (**I Juan 1:3, 7**).

La oración, por tanto, debe ser la comunión y el compañerismo de ti y de mí mientras "*nos arrodillamos ante el Padre, de quien toma su nombre toda la familia de los creyentes en el cielo y en la tierra*" (Efesios 3: 14-15). En otras palabras, "*nuestro*" Creador y Soberano es un Padre Amoroso. El Dios Todopoderoso, Eterno e Infinito de toda la tierra es "**NUESTRO** *Padre*". Oramos, no como individuos solitarios a un Algo Insensible e Intocable, sino a un Padre Personal, Íntimo y Amoroso. Y si le rezamos como Padre, es porque somos "*Herederos de Dios y Coherederos* (co herederos) *con Cristo*" (**Romanos 8:17, 29**). "*Dios Hijo*" ha llevado "*muchos hijos a la gloria*" (**Hebreos 2:10**). Jesús nos da el poder y la capacidad de "*acercarnos con denuedo* (*con libertad de expresión*) *al trono de la gracia*" porque Él fue el Hijo obediente en Su muerte por nosotros. Ahora podemos decir "*Padre nuestro*" sólo cuando "*Dios el Hijo se ha convertido en nuestro Salvador* (**Gálatas 3:26-27**).

MODELO 2:
"PADRE NUESTRO QUE ESTÁ EN EL CIELO"

Si esta es la forma de orar, entonces nuestras oraciones deben comenzar con Dios. Si queremos "*ser oración*" (*el hebreo literal del* **Salmo 109:4**), debemos comenzar donde comenzó Jesús: "*Padre nuestro que está en los cielos*".

Qué lugar tan increíble para comenzar: "*Nuestro Dios es un Dios Asombroso*", ¡pero sigue siendo "*Nuestro Padre*"! El Todopoderoso, Eterno Creador, Dios Soberano es "*Nuestro Padre en los Cielos*". "*Pero nuestro Dios está en los cielos; Él hace lo que quiere*" (**Salmo 115:3, NAS**). Sabemos que "*el cielo manda*" (**Daniel 4:26**) y que "hace lo que quiere con las potencias del cielo y con los pueblos de la tierra.

Nadie puede detener su mano ni decirle: "*¿Qué has hecho?*". Pero también hay que recordar que "*Nuestro Dios*" es "*Nuestro Padre en el cielo*".

Todas las especulaciones sobre la "*no mención de Jesús*" en la "*Oración modelo*" son engañosas porque esta oración comienza con El Padre que está en el Cielo, que vino a esta tierra como Dios Hijo. Él es el que puede ser tocado con el sentimiento de nuestras dolencias, que fue tentado en todos los puntos como nosotros, pero no tuvo pecado (**Hebreos 4:15**), y realmente sufrió, murió y resucitó para que podamos decir "*Padre Nuestro en el cielo*" e ir al cielo cuando muramos. El "*Padre nuestro que está en los cielos*" se convirtió en nuestro hermano en Cristo (**Juan 14:9**).

El Gobernante Soberano, Dios, que "*se sienta en el trono (¡Él es el Rey!) sobre el círculo de la tierra, y su gente es como los saltamontes...(Quien) extiende los cielos como un dosel... (Que) hace desaparecer a los príncipes y reduce a la nada a los gobernantes de este mundo...*" (**Isaías 40:22-23**) es "*Padre nuestro*", amoroso, tierno, comprensivo, compasivo y perdonador.

Si Dios no fuera "*Padre nuestro que está en los cielos*", podríamos ser muy reacios a hablar con Él en la oración. "*Padre nuestro*" nos ordena hablar con Él a diario, continuamente, con alegría, con confianza y abiertamente. Porque somos sus hijos, el Cuerpo de Cristo, la iglesia, habitada por el Espíritu Santo, tenemos una "*línea abierta*" en cualquier momento sobre cualquier asunto. "*Nuestro Padre en el Cielo*" a menudo dice "**¡NO**!" porque somos muy tontos. Su "**NO**" no es una señal de falta de amor, pero si pudo decir "**NO**" al Hijo sin pecado, puede decir aún más enfáticamente "**NO**" a los hijos pecadores.

El "*Padre nuestro que está en los cielos*" está por encima de todo y a través de todo y en todo y "*ni siquiera los cielos más altos... pueden contenerlo*" (**II Crónicas 2:5**), pero sigue siendo "*Padre nuestro*". ¿Eres tú Su hijo (**Gálatas 3:26-17**)?

MODELO 3:
"SANTIFICADO SEA TU NOMBRE"

La palabra "*santificado*" es una palabra del inglés antiguo que significa "*hacer santo*". De alguna manera, la palabra es afín a la idea de "totalidad". La palabra griega original aparece muchas veces en el Nuevo Testamento y "*significa fundamentalmente separado... y por tanto... separado del pecado y por tanto consagrado a Dios, sagrado*" (**W. E. Vine**). Una definición es: "*De las cosas que a causa de alguna conexión con Dios poseen una cierta distinción y derecho a la reverencia*". Una nueva traducción dice: "*Que tu nombre sea honrado*" (**Mateo 6:9, NLT**).

Cuando leemos los Diez Mandamientos, recordamos que Dios dijo a Israel que nunca tomara Su Nombre en vano y que observara el sábado como "*santo*". La palabra hebrea para "*santo*" se usa hoy en día en la palabra "**kosher**", que esencialmente significa "*aceptable, apartado para Dios*". Así que el **Salmo 111:9** podría traducirse como "*Apartado y asombroso es Su Nombre*". (*La palabra en la RV para "reverenciado" significa "ser temido" o "terrible" o "espantoso" y ocurre varios cientos de veces en el Antiguo Testamento hebreo*). Cuando una persona, lugar o cosa está dinámicamente conectada con Dios, debe ser considerada como "*santa*" - "*apartada para Dios*", y todo lo que pertenece a la naturaleza y al ser de Dios debe ser considerado en una relación única con Él.

"*Apartar el Nombre de Dios*" no es una mera discusión sobre nuestra forma de hablar. En realidad dice que damos a Dios el legítimo, central y único lugar de importancia en nuestras vidas, valores, pensamientos y comportamiento. Pero eso sólo lo pueden hacer las "*personas santas*". Las personas que están "*apartadas para Dios*" son llamadas "*la iglesia*" o "*la Esposa de Cristo*" o "*la Casa de Dios*" en el Nuevo Testamento. No puede haber oración desde corazones divididos, pecadores e impuros. "*Porque Dios no nos llamó a la impureza, sino a la santificación ('apartamiento') sin la cual nadie verá al Señor*" (**Hebreos 12:14**).

El "*apartamiento al lugar que le corresponde en mi vida de todo lo que tiene que ver con Dios*", Su palabra, Su adoración, Sus mandatos, Su... todo lo que le pertenece... significa que la oración se ha convertido ahora no en un niño petulante que ruega, sino en el compromiso del hijo obediente con todo lo que es suyo. La oración es el reconocimiento total de todo lo que Dios es y de todo lo que necesito llegar a ser para ser como Él. La devoción desobediente y a medias se elimina de nuestras oraciones y, por tanto, de nuestra vida. Debemos ser lo que oramos, debemos honrar y reverenciar a Aquel a quien oramos o nuestras oraciones se vuelven inútiles e impotentes. ¿Has "*apartado para Dios*" todo lo que es tuyo para que Él honre tu oración?

MODELO 4:
"QUE VENGA TU REINO"

El Dios Creador es "*Padre nuestro*". El Señor Soberano de todos los hombres es "*Padre nuestro en el cielo*". Ahora contemplamos que "*Padre Nuestro*" tiene un Reino, una Regla, una Majestad Divina.

A algunos nos enseñaron que no podemos decir "*Que venga tu Reino*" porque la iglesia/reino "*vino*" el día de Pentecostés (**Hechos 2**). Cuando Pedro predicó el evangelio y los hombres escucharon y respondieron obedientemente a los términos del perdón, fueron añadidos a la iglesia, que es esencialmente igual al Reino de Dios. El Reino ha llegado y nosotros somos miembros de él, por lo que, según esta interpretación, la "*Oración Modelo*" carece esencialmente de sentido para nosotros como cristianos.

Nadie puede leer sinceramente la Biblia y no ver que el Reino ha estado "*viniendo*" desde hace mucho tiempo. Cada vez que las personas hacen obedientemente la voluntad del Padre, "*entran*" en el Reino (**Mateo 7:21**) y el Reino "*viene*" a ellos (**Lucas 17:21; Romanos 14:17**). En un capítulo un versículo dice que "*la carne y la sangre no pueden heredar el Reino de Dios*", y otro versículo dice que Jesús reinará en el Reino hasta "*el fin*", y entonces entregará el Reino a Dios (**I Corintios 15:50, 24s**).

Puesto que "*el Reino de Dios está dentro de vosotros*" (**Lucas 17:21**) y es "*espiritual*" (**Juan 18:36**, "*no de este mundo*"), podemos rezar para que el Reino "*venga*":

♦ A los que están perdidos. Si uno no está en el Reino de Dios, está en el Reino de las Tinieblas y debemos orar por su salvación.

♦ A los que están salvados. Si uno está en el Reino, siempre debe haber profundización y crecimiento. Siempre podemos orar para que tengamos una mayor apreciación y comprensión de "*la justicia, la paz y el gozo en el Espíritu Santo*" (**Romanos 14:17**). Siempre podemos orar para que nuestra relación con nuestro Creador/Padre/Rey sea más profunda y más motivadora y comprometida que nunca.

♦ "*Aun así, ven Señor Jesús*" (**I Corintios 16:22; Apocalipsis 22:20**). Nosotros, la iglesia/reino/familia/novia, debemos estar "*esperando ansiosamente la llegada del día de Dios*" (**II Pedro 3:12**).

¿Debemos orar este aspecto de "*La Oración Modelo*"? Por supuesto. ¡Necesitamos ser un pueblo que se comporte como si nuestro Rey pudiera regresar ahora! ¡Necesitamos orar y predicar el Evangelio del Reino (**Mateo 9:35; Hechos 8:12;**

II Timoteo 4:1) porque ha venido, necesita venir a un mundo pecador y vendrá al Final de los Tiempos en la consumación Gloriosa!

MODELO 5:
"HÁGASE TU VOLUNTAD EN LA TIERRA COMO EN EL CIELO"

Es el núcleo del Reino de Dios. Es la diferencia radical entre el "*Cielo*" y la "*Tierra*". Es la "*línea de fondo*" en la relación de uno con Dios: ¿Se hace la Voluntad de Dios en mi vida como se hace en el Cielo-perfectamente?

No puede haber una relación con "*Nuestro Padre Celestial*", que es el Rey de Su Reino, si no se honra Su voluntad por encima de cualquier otra (**Mateo 7:21**). En otras palabras, al igual que el Salvador, el hijo de Dios justo y aceptable tiene el sentido y la realización de la Voluntad de Dios en el centro de su ser.

En cuanto a la encarnación, Jesús dijo: "*He aquí que he venido... Para hacer tu voluntad, oh Dios*" (**Hebreos 10:7; Salmo 40:7-8**). En cuanto al ministerio, Jesús dijo: "*Mi alimento es hacer la voluntad del que me envió y cumplir su obra*" (**Juan 4:34**). En cuanto a Su muerte, Jesús dijo: "*Pero no como yo quiero, sino como Tú quieres*" (**Mateo 26:39**). La esencia de la vida de Jesús para nosotros fue: "*Porque he bajado del cielo, no para hacer mi voluntad, sino la voluntad del que me envió*" (**Juan 6:38**).

El objetivo último de Jesús era la reconciliación de la "*Tierra*" con el "*Cielo*". Su muerte, derramando Su sangre, hace posible que se elimine la barrera causada por el pecado. Esta sigue siendo la voluntad del Padre, pero ahora debe convertirse en nuestra voluntad, no sólo desde el punto de vista de una perspectiva personal, sino también desde una perspectiva mundial. En todos los aspectos de la vida, el hijo de Dios "*vive y respira*" la voluntad de Dios para que se haga en la tierra como en el cielo.

Esta es la oración y la meta del hijo de Dios: La comprensión, asimilación y realización total de la Voluntad de Dios. ¡El orgullo es eliminado! ¡El pecado es erradicado! ¡Y Dios es glorificado!

Aquí, en el centro de la oración modelo, está el compromiso total del hijo de Dios, no con el yo, sino con la voluntad de Aquel que amó y se comprometió con la voluntad del Padre para nosotros. El núcleo de la oración modelo no es "*¿Cuál es tu voluntad para mi vida?*", sino, "*¿Cuál es la Voluntad y el Propósito de Dios, y lo buscaré, oraré por su realidad en la tierra, y me apropiaré de él diariamente para mi vida?*" "*El hombre que hace la voluntad de Dios vive para siempre*" (**I Juan 2:17**).

MODELO 6:
"DANOS HOY NUESTRO PAN DE CADA DÍA"

Al "*Dios Creador*", "*nuestro Padre*", "*Rey del Universo*", le interesa que le hablemos en la oración sobre nuestro "*pan de cada día*". "*El pan*" representa aquellos aspectos de nuestra vida que a veces pensamos que Dios no tiene en su corazón. Incluso hoy la gente piensa en el pan como "*el bastón de la vida*", como el "*alimento básico de la existencia*". "*El pan de cada día*" en el diccionario se refiere a "*sustento*" o incluso "*dinero*".

También recordamos que Dios dijo y Jesús citó: "*No sólo de pan vive el hombre, sino de toda Palabra que sale de la boca de Dios*" (**Mateo 4:4;**

161

Deuteronomio 8:3). Los hombres que sólo comen "*pan físico*" viven vidas de animales y no son los seres espirituales que Dios creó o pretendía que fueran.

¿Nos está enseñando Cristo que nuestras oraciones deben centrarse en el "*pan físico*" o en el "*pan espiritual*" de Su Palabra? De nuevo, ¡SI! Y la tarea más difícil del hijo de Dios es asegurarse de que entendemos que somos totalmente dependientes de Él para ambos. Mientras nos centramos primero en el "*pan espiritual*" (**Mateo 6:33**), también recordamos que nuestro "*pan físico, material*" deriva su origen significativo y su posición de importancia del Proveedor.

El milagro más importante de los cuatro relatos evangélicos es el de la "*Alimentación de los 5.000*". Incluso Jesús, "*mirando al cielo... dio gracias y partió los panes*". No en sentido figurado, sino literalmente, cada bendición que tenemos viene de Dios (**Santiago 1:17**), ya sea "*física*" o "*espiritual*", y debemos reconocer con gratitud que somos y seremos totalmente dependientes de Él, "*de quien fluyen todas las bendiciones*".

Esta petición de "*La oración modelo*" resuelve el problema de "*¿Quién tiene el control de mi vida?*" La mayoría de nosotros sentimos que "*tenemos que tener el control*" para ser felices cuando, en realidad, Dios nos ordena que le dejemos "*hacerse cargo*". El contexto de **Mateo 6** dice desde el punto de vista de esta oración: "Voy a *confiar en Él para las bendiciones de hoy, así que sé que Él puede manejar el mañana, y por lo tanto, no me preocuparé.*" Sería un excelente "*ejercicio*" de oración para nosotros leer **Efesios 3:20** y **Filipenses 4:13 y 19**:

> "*Y a aquel que es poderoso para hacer muchísimo más de lo que pedimos o imaginamos, según el poder que obra en nosotros... Todo lo puedo en Aquel que me da fuerzas... Y mi Dios suplirá todas vuestras necesidades conforme a sus gloriosas riquezas en Cristo Jesús*".

MODELO 7:
"PERDONA NUESTRAS DEUDAS COMO NOSOTROS HEMOS PERDONADO A NUESTROS DEUDORES"

Todos los que han considerado seriamente la oración saben que el pecado es real. La oración es una conversación con el *"Padre Nuestro"* que es el Señor Soberano y el Rey del Universo. ¡Qué privilegio! ¡Qué gran responsabilidad! Pero sólo hace falta un poco de tiempo después de *"apartar el Nombre de Dios"*, haciéndolo Santo en nuestras vidas, para que el conmovedor poder condenatorio del pecado sea evidente.

Somos *"hijos que han pecado"* en presencia del Santo y Majestuoso Creador del Universo cuando oramos. ¿Cómo no sentir la enormidad de nuestros pecados? ¿Cómo podemos orar y no buscar el perdón y la limpieza? Y lo tenemos porque el "*Padre Nuestro*" lo proporciona generosamente.

Pero cuando somos sinceros con nosotros mismos, porque sabemos que Dios lo sabe todo (**Mateo 6:8**), surge una alienación, una sensación no sólo de que hemos hecho mal, sino de que nuestros pecados han ensuciado nuestra vida, la de los que nos rodean y, a veces, la del mundo entero. Nuestra existencia parece inclinada, oscura y confusa porque no sólo hemos "*pecado*", sino que hemos ofendido terriblemente a un Padre Amoroso.

Porque "*pecamos*", entramos en ese mundo de la "*paga del pecado... la muerte*" (**Romanos 6:23**). El pecado tiene una "*paga*" que debe ser "pagada", y en el pecado vivimos en el horror y el peso de la "*separación de Dios*". Cuando pecamos nos encontramos como el asesino cuyo castigo era tener el cadáver de su víctima encadenado a su espalda hasta que la descomposición fuera total.

Jesús nos enseña a rezar, no sólo tratando los efectos superficiales del pecado, sino también el problema más profundo: la obligación que "*debemos*" a nuestro Dios Creador que nos ha dado el "*Pan de cada día*". Y luego exige, con razón, debido a su expiación y ejemplo definitivos, que dispensemos el perdón a los que han pecado contra nosotros. El sentimiento de "*La Oración Modelo*" es que se niega el perdón a los que no quieren perdonar.

Se nos ordena orar habiendo perdonado ya las deudas, ¡no sólo los pecados! Debemos dirigirnos al Padre en petición con la pizarra limpia. Debemos perdonar, olvidar y ni siquiera insinuar cualquier obligación causada por la ofensa. Incluso podría ser cierto que algunos se perderán no porque hayan entendido mal alguna doctrina importante, sino porque no fueron perdonados por no perdonar las deudas. Hay una deuda peor que el pecado: es la deuda que se paga en la eternidad porque no hubo perdón en esta vida, no porque no se pidiera, sino porque no hubo perdón de los deudores en el corazón de los solicitantes.

"*¡Perdónanos nuestras deudas como nosotros perdonamos a nuestros deudores!*"

MODELO 8:
"NO NOS DEJES CAER EN TENTACIÓN, LÍBRANOS DEL MAL"

La oración modelo comienza con "*Padre nuestro*" y termina con una petición de liberación de Satanás. Tal vez habría que afirmar que no puede haber liberación de la perversidad espiritual si no se han rezado y vivido las siete primeras peticiones.

El mal, el poder de Satanás, desde la perspectiva de La Oración Modelo, es serio y sería ingenuo sugerir incluso su inexistencia. Cuando se reza esta oración, se reconoce que Satanás no sólo existe, sino que es vicioso (**I Pedro 5:8-9**). Esta oración reconoce en un nivel profundo una personalidad maliciosa de la cual la liberación debe venir como un regalo de "*Padre nuestro*" y que ninguna habilidad o esfuerzo humano es capaz de proporcionar.

Reflexionando un poco más, uno podría preguntarse por qué es necesario rezar este aspecto de la Oración Modelo a la luz de **Santiago 1:13** ("*Dios no tienta a nadie*") y de **I Corintios 10:13** ("*Dios es digno de confianza, que no permitirá que seáis tentados más allá de vuestra capacidad...*"). Si Dios sabe lo que necesitas antes de que se lo pidas (**Mateo 6:8**) y no te pondrá en una situación en la que no puedas evitar pecar, ¿qué sentido tiene esta petición?

La Oración Modelo afirma nuestra total dependencia del "*Padre Nuestro*" para el "*pan*", tanto físico como espiritual, para el perdón radical y la liberación del poder del mal. La Oración Modelo concluye con una afirmación de confianza absoluta en la gracia, la presencia y el poder de Dios para vencer al Maligno y una negación total del yo (**Mateo 16:24s**). ¿Cómo puede ser eficaz la oración modelo si existe la más mínima sugerencia de que el poder humano es capaz de vencer al Maligno?

Esta última petición de La oración modelo significa el reconocimiento diario del poder total de Dios y de la Cruz para salvar y liberar y el importante elemento de la obediencia. La salvación es gratuita pero costosa. "*El yugo es fácil y la carga es ligera*", pero sigue siendo un "*yugo*" y una "*carga*". La sangre de Cristo, que lava nuestros pecados, es un regalo celestial, pero debe recibirse con fe obediente al ser bautizado. La vida cristiana está llena de bendiciones, pero esta petición nos recuerda que debemos "*pelear la buena batalla*" (**Efesios 6:10s**) y "*llevar todo pensamiento a la obediencia de Cristo*" (**II Corintios 10:5**). Luchamos y dependemos de "*Nuestro Padre*" para obtener la victoria porque "*las armas de nuestra lucha no son carnales, sino poderosas en Dios para derribar fortalezas, y echar abajo argumentos y toda altivez que se levanta contra el conocimiento de Dios*" (**II Corintios 10:3-4**).

ORAR SIN CESAR

ALGUNAS REFLEXIONES FINALES SOBRE EL GRAN PSIQUIATRA

"PIDE AL SEÑOR DE LA COSECHA"

En los últimos tiempos no he oído a nadie rezar: "*Señor de la mies... envía obreros a (tu) campo de cultivo*" (**Mateo 9:38**). Se ofrecen muchas oraciones por una multitud de deseos, pero ¿dónde está la petición por aquellos que responderán a la llamada del Señor para ir a recoger la abundante cosecha? Cuando Jesús "*vio a las multitudes, tuvo compasión de ellas, porque estaban acosadas y desamparadas, como ovejas sin pastor*" (**Mateo 9:36**). Porque su evaluación de la situación fue que "*la mies es abundante, pero los obreros son pocos*" (**Mateo 9:37**). Ordenó a sus discípulos que "*pidan al Dueño de la mies... que envíe obreros a su campo*" (**Mateo 9:38**).

¿No es ésta una respuesta bastante inusual a una necesidad extrema? En nuestra cultura estadounidense de activismo, nuestra respuesta podría ser "*formar un comité y estudiar la situación*". O podríamos formar "*grupos de discusión*" para compartir "*ideas significativas*". Algunos en la iglesia de hoy sugieren que realmente no entendemos lo que dijo Jesús y que necesitamos una nueva hermenéutica.

Otros afirman que sus hábiles "*programas de formación*" resolverán esta "*necesidad*" y habrá automáticamente "*crecimiento*".

¿Cuál fue la clave del éxito de Jesús? ¿Qué hizo Jesús para solucionar este problema? ¿Cuál es la solución?

1. Orar como Él lo ordenó (**Mateo 9:38**).

Es la oración de **Mateo 6:10**: "*Venga tu Reino (a los perdidos), hágase tu voluntad en la tierra como en el cielo*" ("*Hazme un servidor, hazme como tú*").

2. Ver a las multitudes con su compasión (**Mateo 9:36**).

La oración poderosa produce una profunda respuesta emocional. La emoción nos pone en movimiento.

3. Sigue a Jesús mientras iba *"enseñando... y predicando..."* (**Mateo 9:35**).

El primer paso de su método es a menudo demasiado sencillo para nosotros: la oración adoradora, comprometida, fiel, amorosa y obediente. Cuando el pueblo del Señor comience a pedirle al Señor de la mies que envíe obreros, es cuando dirán: *"¡Aquí estoy, envíame!"*. ¡Y se irán!

"POR LA MAÑANA, POR LA TARDE, Y AL MEDIODÍA ORARÉ"

Es posible ser "*doctrinalmente correcto por fuera*" y aún así estar perdido. Sin duda, el fariseo que "*estaba de pie y oraba consigo mismo*" era a los ojos de los líderes religiosos uno de los "*fieles*" (**Lucas 18:9s**). Aparentemente, conocía todos los reglamentos, ¡pero no conocía a Dios! Puede que fuera capaz de citar muchos pasajes tanto del Antiguo Testamento como de los libros de las tradiciones, pero su vida, en definitiva, era un vacío espiritual. Era fácil para ellos e igualmente para nosotros "*descuidar los asuntos* *más importantes de la ley*". Simplemente no tenemos "*tiempo*", o alguna otra excusa poco convincente.

El salmista dijo: "*Por la tarde y por la mañana y al mediodía oraré, y clamaré, y él oirá mi voz*" (**Salmo 55:17**). ¿Es la oración una experiencia diaria, una vida, o es simplemente un "*ejercicio dominical*"? "*Orad sin cesar*".

Daniel era un hombre de oración. Aunque estaba cerca de la cúpula del gobierno persa, seguía encontrando "*tiempo*" para orar. En esa conocida historia en la que Daniel es finalmente arrojado al foso de los leones por su vida de oración, la Biblia dice

Y en su habitación superior, con las ventanas abiertas hacia Jerusalén, se arrodillaba tres veces al día, y oraba y daba gracias ante su Dios, como era su costumbre desde los primeros tiempos.
(Daniel 6:10)

¿Se imaginan a un importante dignatario tomándose "*tiempo libre*" tres veces al día para rezar de rodillas? ¿Podemos decir que no tenemos tiempo para orar porque estamos muy ocupados cuando Daniel, en su madurez, lo hacía? ¿Tenemos nuestras prioridades correctas?

"ALABANDO AL SEÑOR"

Cómo necesitamos ser un pueblo que "*alabe al Señor*". Nuestras oraciones, cantos, predicaciones y estudios -incluso toda nuestra vida- necesitan alabar constantemente al Señor. La única alabanza adecuada y completa proviene del pueblo de Dios.

"*Pero vosotros sois un pueblo elegido, un sacerdocio real, una nación santa, un pueblo que pertenece a Dios, para que anunciéis las alabanzas de aquel que os llamó de las tinieblas a su luz admirable*" (**I Pedro 2:9**).

183

Uno de los pasajes más sorprendentes sobre el tema de la alabanza es **Efesios 1:11-12**:

En él también fuisteis elegidos, habiendo sido predestinados según el plan de Aquel que realiza todo conforme al propósito de su voluntad, a fin de que nosotros, que fuimos los primeros en esperar en Cristo, seamos para alabanza de su gloria.

El propósito de nuestra existencia, la razón por la que existimos, es que "*seamos para alabanza de su gloria*". Este pasaje no afirma la predestinación incondicional, sino que define que aquellos que han entregado sus vidas en obediencia al Señor y se han convertido en cristianos tienen el honroso estatus de existir para la alabanza de Dios. El propósito eterno de Dios siempre ha sido que el pueblo de Dios refleje continuamente su ser y carácter. Negar ese propósito es realmente negar la razón de la propia existencia.

Todo lo que decimos y hacemos debe ser en el nombre de Cristo (**Colosenses 3:17**); y "*así que, ya sea que comas o bebas o hagas cualquier cosa, hazlo todo* *para la gloria de Dios*" (**I Corintios 10:31**). Cada aspecto de nuestra vida debe resonar de su glorioso ser. "*Por tanto, ofrezcamos continuamente a Dios, por medio de Jesús, un sacrificio de alabanza: el fruto de labios que confiesan su nombre*"

(**Hebreos 13:15**).

"¡ORADORES!"

¡La oración es una responsabilidad poderosa e impresionante! Piénsalo por un momento:

◆ ¡Tú y yo somos prácticamente motas de tierra en un pequeño planeta que gira a través de un sistema solar infinito, y el Creador de todo ello nos ordena hablar con Él!

◆ Le encanta escuchar todo lo que tenemos en nuestro corazón.

♦ Anhela que le pidamos que nos bendiga.

♦ Incluso sigue escuchando cuando le pedimos cosas que Él debe rechazar.

♦ Nunca duerme, ni se cansa, ni siquiera se aburre mientras nos escucha.

El cielo está abierto y Su atención es infinita porque Jesús es nuestra Escalera, nuestra Conexión con la Gloria (**Génesis 28:10s; I Timoteo 2:1s**). Incluso pone el Espíritu Santo en nuestros corazones (**Gálatas 4:6**) para que cuando balbuceemos como un niño pequeño cosas que no serían "*buenas*", tengamos un Intercesor que articula nuestras necesidades y deseos más profundos (**Romanos 8:26-28s**).

Cuando oramos suceden cosas que **NO** sucederían si **NO** oráramos. ¿Por qué pensamos que podemos "lograrlo" sin la oración?

Oh, qué paz perdemos a menudo,
Oh, qué dolor innecesario soportamos,

Todo porque no llevamos **TODO** a Dios en la oración.

La tragedia es que no sólo nos olvidamos de orar, sino que necesitamos que se nos recuerde que hay cosas que pueden "*obstaculizar nuestras oraciones*" (**I Pedro 3:7**). Este pasaje se refiere a cómo los maridos tratan a las esposas. En palabras de Pedro, la desconsideración en las familias es un "*estorbo para la oración*".

- ¿Acaso la ira no es un "*obstaculizador de la oración*" (**Santiago 1:20**)?

- ¿Y el rencor?

- ¿Y el espíritu implacable (**Mateo 6:12-15; 5:23-24**)?

- ¿Qué hay de la ignorancia Bíblica?

Utilizamos mal **Juan 9:31** para insistir en que Dios no puede escuchar la oración de un "*pecador*". Tal vez debamos poner el zapato en el otro pie aunque nos apriete un poco. Tal vez haya "*obstaculizadores de la oración*" en nuestros corazones.

Oremos: "*Oh, Padre Infinito, ayúdanos a quitar los Impedimentos de la Oración de nuestros corazones para que puedas bendecirnos*".

"SÚPLICAS, ORACIONES, INTERCESIONES, ACCIONES DE GRACIAS"

Un buen amigo y eficaz predicador del Evangelio, **Avon Malone**, dijo:

"Pablo nunca hizo sus oraciones en clave menor de queja; siempre las hizo en clave mayor de doxología, alabanza y gratitud."

De todas las cosas que caracterizan y miden la "*espiritualidad*" del hijo de Dios, es la vida de oración. Para la mayoría de nosotros, se trata de un simple problema cuantitativo: simplemente no nos tomamos tiempo para rezar. Nadie puede discutir que la exhibición externa de este aspecto de nuestra vida de oración es la falta de paciencia, bondad y amor. ¿Qué sentimientos se generarían si simplemente nos tomáramos tiempo para rezar, para tener una "*dulce hora de oración*"?

Pero más aún, si pudiéramos profundizar en la calidad de nuestras oraciones. Quizás la profundidad es más importante que la longitud (**Mateo 6:7**). Hay un tiempo para dejar de orar y ponerse a trabajar para Él. Pero cuántas veces necesitamos que la oración esté "*entonada en la clave mayor de la doxología, la alabanza y la gratitud*". Qué fácil es ser misionero cuando has agradecido a Dios tu redención. Qué fácil es ser compasivo cuando has estado al pie de la cruz en tu ojo de la fe y has llorado en la total gratitud de tu corazón. La bondad, la generosidad, el perdón y el amor fluyen del hijo de Dios cuyas oraciones están llenas de alabanza. ¿Cómo podemos sentir tal descontento y expresar tal "*malhumor*" cuando acabamos de vivir en Su presencia en alabanza y adoración? ¿Cómo podemos preocuparnos cuando hemos venido del salón del trono de la oración al **REY**?

Siempre habrá la armonía sinfónica de la paz, la alegría, el amor y el contentamiento cuando entonamos nuestras oraciones *"en la clave mayor de la doxología, la alabanza y la gratitud"*.

"LA CASA DE DIOS ES LA CASA DE ORACIÓN PARA TODAS LAS NACIONES"

Hubo dos ocasiones en el ministerio de Jesús en las que limpió el templo. Juan registra la primera limpieza describiendo a Jesús con un "*látigo de cuerdas*" diciendo: "*Quita esto. Dejad de convertir la casa de mi Padre en un mercado*" (**Juan 2:13s, McCord's**). Las limpiezas posteriores ocurrieron después de la Entrada Triunfal, en la última semana de la vida de Jesús. Sus memorables palabras son apasionadas y relevantes para hoy.

"*¿No está escrito: 'Mi casa será llamada casa de oración para todas las naciones'? Pero vosotros la habéis convertido en una 'cueva de ladrones'*" (**Marcos 11:17**).

Nos sentimos más cómodos con el retrato de Jesús sanador, perdonador o maestro compasivo. Los tintes descarnados e impresionantes de El Hombre recorriendo los recintos del templo con un "*látigo de cuerdas*" en las manos y volteando mesas nos ponen nerviosos. Nos sentimos más cómodos con este Único que bendice a los niños que con un Mesías dinámico, joven y enfadado que exige que se limpie un enorme complejo del templo de animales, mesas, sillas y ladrones.

Ansiamos un "*proveedor de alimentos*" que nos haga sentarnos cómodamente sobre la hierba verde (**Marcos 6:39**) y comer bocadillos de pescado hasta saciarnos y aprobar nuestras vidas. No queremos que alguien entre en nuestra casa de juegos y lo altere todo.

La iglesia de Dios es la casa de Dios, o la Familia de Dios (**I Timoteo 3:15**). Algunas iglesias se han convertido en "*una cueva de ladrones*" porque los corazones y los labios humanos que deberían estar llenos de oración y alabanza no buscan más que la comodidad, la seguridad y la aprobación de un comportamiento ilícito.

"*Vuestro cuerpo es templo del Espíritu Santo, que está en vosotros, el cual tenéis de Dios....*" (**I Corintios 3:16**). Los cristianos individuales y el Cuerpo de Cristo colectivo constituyen "*la morada de Dios en el Espíritu*" (**Efesios 2:22**). Si el Hijo del Hombre galileo entrara en el Templo de tu cuerpo, ¿encontraría una "*cueva de ladrones*"? Si el Hijo de Dios entrara en esta iglesia, ¿encontraría sólo ladrones más interesados en sí mismos que en la oración?

¡Las iglesias que son demasiado conscientes del tiempo, rituales y sombrías son Cuevas de Ladrones! Las "*Cuevas de Ladrones*" son frías, legalistas y sentenciosas. La Casa de Dios, ya sea el santo individual o la congregación entera, es donde hay una adoración significativa y espiritual. Está abierta a todos y llena de amor por todos (**Juan 3:16; I Timoteo 2:1-6**). Es orante y evangelizador. Es "*misionero*" y espiritual (**I Corintios 3:1s**). No tiene el hedor de los animales muertos, sino el "*aroma fragante*", "*una fragancia que da vida*", de vidas purificadas y disponibles para el Dios Todopoderoso.

"NO HEMOS SIDO HOMBRES DE ORACIÓN"

Recientemente un querido hermano, que es un predicador del Evangelio, llamó con desánimo y frustración en su corazón. Dijo: "*Me siento como el director general de esta congregación, pero sin ningún respeto*". Más tarde comentó: "*¡Me siento como si hubiera estado reunido hasta la muerte!*".

En 1651, los ministros de la Iglesia de Escocia redactaron una confesión que fue registrada por **Horatius Bonar** en su folleto "*Words to Winners of Souls*". El undécimo punto de su posición era: "*No hemos sido hombres de oración. Tantas reuniones con los* *hombres, tan pocas reuniones con Dios. No hemos conocido la comunión de un niño pequeño con su padre".*

¿Cuál es el "*secreto*" de la eficacia como cristianos? ¿Cuál es la obra del ministerio? ¿Qué hizo que los ministerios de Jesús nuestro Señor y de Pablo tuvieran tanto "*éxito*"? No fue su educación. No fueron sus habilidades pulidas. No fue su destreza diplomática. Fue una relación profunda, personal e íntima con Dios. La "*solución*" a nuestros problemas en la vida cristiana, el evangelismo o el ministerio, es simple:

Al ver la audacia de Pedro y Juan, y al darse cuenta de que eran hombres indoctos e ignorantes, se maravillaron, y se dieron cuenta de que habían estado con Jesús (**Hechos 4:13**)

Esta postura no resta importancia a la educación o al estudio. En realidad, la realza y la coloca en el altar del sacrificio (**Mateo 22:37**, "*con toda tu mente*"). La vida cristiana efectiva y fructífera, el ministerio, el pastoreo y la evangelización ocurrirán cuando nos arrodillemos en nuestro armario (**Mateo 6:6s; Lucas 18:1s; Juan**

14:13s; Efesios 3:14s) en ferviente oración. La exégesis bíblica precisa se produce a partir de un corazón santificado y tocado por la majestad del Dios Todopoderoso. La gran predicación proviene del "*armario de la oración*". ¿Aprenderemos alguna vez nuestras prioridades?

"HAGAS LO QUE HAGAS O PASE LO QUE PASE, ¡ORA PRIMERO!"

Hay tres mandatos Bíblicos para cada cristiano de parte del Rey de todos los Reyes y Señor de los Señores en relación con el gobierno:

1. **Orar**: "*Exhorto, pues, ante todo, a que se hagan peticiones, oraciones, intercesiones y acciones de gracias por todos, por los reyes y por todos los que tienen autoridad, para que vivamos tranquila y reposadamente en toda piedad y santidad*" (**I Timoteo 2:1-2**).

2. **Pagar**: "*Por eso también pagáis los impuestos, porque las autoridades son servidores de Dios* (**DIAKONOS** o "*diáconos*"), *que se dedican a tiempo*

completo a gobernar. Da a cada uno lo que le debes: Si le debes impuestos, paga impuestos; si ingresos, ingresos; si respeto, respeto; si honor, honor" (**Romanos 13:6-7**).

3. **Obedecer**: *"Cada uno debe someterse a las autoridades que gobiernan, porque no hay más autoridad que la que Dios ha establecido. Las autoridades que existen han sido establecidas por Dios. Por consiguiente, el que se rebela contra la autoridad, se rebela contra lo que Dios ha instituido, y los que lo hacen se acarrean el juicio"* (**Romanos 13:1-5; I Pedro 2:12-17**; *Cartas escritas a los cristianos romanos y desde Roma*).

El modo en que uno vota o el grado de implicación en el gobierno o incluso la abstención como cristiano es una cuestión de opinión y de conciencia. Pero estas dos cuestiones no niegan la importancia de los mandatos bíblicos. Tampoco lo hace el hecho de ser ciudadano de una nación corrupta e impía como Roma. El ejemplo inspirado de Pedro es para nosotros. Realmente no importa quién esté *"en el cargo"*, *"Debemos obedecer a Dios antes que a cualquier autoridad humana"* (**Hechos 5:29**). Anteriormente en Hechos, Pedro había declarado: *"Juzguen ustedes mismos si es correcto a los ojos de Dios* *obedecer a ustedes antes que a Dios. Porque no podemos dejar de hablar de lo que hemos visto y oído"* (**Hechos 4:19-20**). Esa convicción surgió de:

La salvación no se encuentra en nadie más, pues no hay bajo el cielo otro nombre dado a los hombres por el que debamos salvarnos (**Hechos 4:12**).

Si el gobierno es "*amigable*", debemos ser **FIELES**. Si el gobierno es asesino, inmoral, impío y malvado, ¡todavía debemos **SER FIELES**! Si Dios juzga a nuestro país por la maldad y/o por sus propósitos evangelísticos, ¡**DEBEMOS SER FIELES**! Un gobierno impío no es excusa para la irresponsabilidad personal en nuestra misión como iglesia del Señor.

LUCHADORES DE DIOS

La lucha libre es un deporte muy popular.
Aunque para mí siempre ha sido secundario
respecto a otros deportes, tiene un atractivo para
muchos. Es uno de los deportes más antiguos, como
se puede ver al estudiar los antiguos juegos
olímpicos. La mayoría de los que siguieron los
recientes Juegos Olímpicos quedaron impresionados
por el luchador que, teniendo un cáncer en
remisión, ganó en una gran actuación de valor y
habilidad.

El gran luchador de la antigüedad fue Jacob
(**Génesis 32:22-32**). Jacob nunca fue el mismo
después de aquel combate nocturno en "*el vado de*

Jaboc". Su nombre, su personalidad y su cuerpo cambiaron como resultado de aquel encuentro. *"Entonces el hombre dijo: 'Ya no te llamarás Jacob, sino Israel, porque has luchado con Dios y con los hombres y has vencido'"* (**Génesis 32:28**). Su insolencia infantil se transformó con los años en una confianza madura. Su nombre debe ser cambiado, pero el partido fue costoso para su cuerpo. Durante el resto de sus días cojeó de la cadera para recordarle, quizás, que debía apoyarse en el Dios cuyo rostro vio (*Peniel*, **vs. 30**) en Jaboc.

Un luchador de la iglesia del Señor fue Epafras, que era miembro de la congregación de los colosenses. Pablo escribió que *"siempre está luchando* (**'agonizomai**', *de agonía, 'contender en los juegos gimnásticos') en oración por vosotros, para que estéis firmes en toda la voluntad de Dios, maduros y plenamente seguros"* (**Colosenses 4:12**). ¿Qué pasaría si supieras que un Epafras está *"luchando en oración"* por ti? ¿Cambiarías? ¿Qué cambios se producirían en nuestra personalidad si tuviéramos la vida de oración de Epafras? Todos nosotros somos "*Jacobos*" que necesitan venir a nuestro Jabbok. Hay tantas cosas en nosotros que necesitan ser cambiadas, ser transformadas (**Romanos 12:1-2**). El "*Israel cojo*" era mucho más hermoso que el "*Jacob engañoso*" para Dios. que el "*Jacob engañoso*" para Dios. El Jacob en cada uno de nosotros necesita encontrar nuestro "*Jabbok*", seguir el ejemplo de Epafras, y saber que todos los grandes cambios que Él hará en nosotros traerán la victoria. "*Mientras oraba, el aspecto de su rostro cambió...*" (**Lucas 9:29**).

ACERCA DEL AUTOR

Kirk H. & Linda Castleman

Kirk Castleman nació y asistió a escuelas
en Dallas, Texas. La Iglesia de Cristo de
Skillman St., bajo el ministerio de John H.
Banister, su congregación de origen. Después
de graduarse de la escuela secundaria en 1960,
completó una licenciatura en Biblia de la
Abilene Christian University en 1964. De 1968
a 1971, Kirk estudió en el Southwestern
Seminary en Ft. Worth, Texas. En 1985 recibió
el MS en Biblia de ACU. Completó más
formación de asesoramiento de posgrado en
ACU, 1996-98. Fue galardonado con el

Doctorado en Ministerio de la Extensión del Seminario Trinity en mayo de 2004, con énfasis en Consejería Bíblica, Evangelismo y *"Capacitación de Capellanes Laicos"*.

Kirk comenzó a predicar en la iglesia en LaFeria, Texas, en enero de 1965. En octubre de ese año, Kirk se casó con Linda Arrington de Houston. Han disfrutado de una vida plena con cuatro hijos que, con sus propias familias, sirven fielmente al Señor. Kirk y Linda son bendecidos con trece nietos.

Fue mientras predicaba en Fort Worth, asistía a la escuela de posgrado y servía como maestro y Jefe del Departamento Bíblico en la Academia Cristiana Forth Worth en 1970, que comenzó a trabajar en este libro. Fue después de mudarse a Oklahoma en 1973, y mientras servía a las iglesias en Antlers y Midwest City, que el material tomó el formato actual de 13 lecciones.

De 1979 a 1981 la familia Castleman, Kirk y su familia vivieron en Camerún, África occidental, donde sirvió como misionero. Enseñó este material y varios otros cursos en la Escuela Bíblica Cristiana de Camerún, coordinó el *"Programa del Curso de Correspondencia Bíblica"* con once evangelistas cameruneses y ayudó a otras congregaciones a predicar y enseñar.

Regresó a la Iglesia Ridgecrest, Midwest City, Oklahoma, en 1983 y continuó revisando este material mientras lo usaba para varias reuniones evangélicas y talleres universitarios y congregacionales. Desde 1995 hasta 2010 trabajó con congregaciones en Texas. Además de este libro, también ha escrito una guía devocional, que actualmente se está ampliando, *"Así es como debes orar"*. Ha participado en reuniones evangelísticas en 18 estados, así como en seminarios en los Estados Unidos y en el extranjero. Kirk tuvo el privilegio de presentar este material en Brasil en 1992 y en Alemania en 1995. Kirk y su esposa, Linda, también han hecho frecuentes viajes a Polonia para enseñar ESL usando la Biblia y han podido incluir partes de este material. También se ha traducido al ruso para su uso en Europa del Este.

Kirk participó en el *"Programa de Capellán del Hospital Northeast Medical Center"* en Humble, Texas, y se desempeñó como *"Presidente de la Junta de Capellanes"*, 1999-2000. Fue responsable de capacitar a 75 laicos capellanes de 2001 a 2004. También sirvió en el *"Comité de Bioética"* del hospital. Completó la certificación como "*Capellán Asociado en la Asociación de Capellanes Profesionales"* en 2003, después de haber recibido una *"Unidad de Educación Pastoral Clínica en el Hospital Presbyterian"* en

Oklahoma City en 1993. Actualmente se desempeña como capellán voluntario.

Kirk también ha participado en la coordinación de varios cursos de mejoramiento de evangelismo personal de Ivan Stewart. Después de haber sido bendecido en el uso de las lecciones del estudio Bíblico abierto presentado en el libro, *Go Ye Means Go Me*, Kirk ha realizado varios talleres y campañas. El material que Kirk ha escrito forma un seguimiento lógico a largo plazo de los materiales sobresalientes que el hermano Stewart ha escrito, OBS-New Christian.

Linda fue maestra de primaria y bibliotecaria y ha trabajado como bibliotecaria. A Kirk le gusta la genealogía y el acabado de los muebles, y Linda disfruta de la jardinería y la costura.

Kirk Castleman
khcastleman1942@gmail.com
(346) 287-6821

ISBN: 9798513564355

Made in the USA
Columbia, SC
16 November 2024

46172543R00124